歡迎光臨花東小鎮

部落秘境×海岸文化×在地生活
深入山海慢時區的美好時光

自序　無法取捨的山與海，一趟自我對話的旅程

「山與海，你喜歡哪一個呢？」

每每被問到這個問題，總是糾結難以回答。我喜歡山，卻難以割捨大海的遼闊與深度；我喜歡海，山的不同海拔與漸層綠卻直達我心。能不能貪心地或者和天真的小孩一樣回答都想要呢？而最能代表山與海兼容的，應該就是東海岸花蓮與台東的組合了吧。

台灣各地縣市都值得紀錄，從巷弄街道、歷史人文、民俗廟宇、山中城鎮在地文化，我深深為此著迷。但速食旅行方式卻滿足不了我對這塊名為「台灣」土地的探索慾望，並持續地想要知道更多。我們可以細數日本各地的風土民情，但卻說不出台灣各地鄉鎮的特產或人文背景，這樣想著不免覺得有點可惜。

我們是不是能透過旅途的過程，與在地人們、景色接觸，獲得滿滿的感動回家？我想將這些想望化成行動，開始了到台灣的每一個鄉鎮走走，想要了解更多關於「台灣的故事」。在多趟的花東旅途中，也深深感受到在地人們的照顧與幫助。

花東有著台灣獨有的狹長地形；山線、海線，從花蓮市到台東南迴，常讓人難以割捨到底要走哪一條路線。黑夜中的太平洋海浪依舊拍打著海岸，輕柔地像極了貓咪的腳步；打開窗戶就能見到東升的旭日，縱谷內的人文氣息有著各族群的歷史與交織血淚故事。

站在綿延不絕的海岸線上，欣賞著遼闊湛藍的「花蓮藍」與「台東藍」，腳下踩踏著富有生命力的土地。農夫靠著理念堅持與自然共好，海女天天向潮間帶報到，如同人們在各城鎮菜市場內走逛，日復一日、年復一年。穿梭於各地、各部落，走著、踏著，卻捨不得放下肩上沉重的單眼相機，想要時時刻刻記錄那些不能錯過，有趣的相互對話與大山大海之事。

吃海、吃山，早已成為每天的日常，與各地陌生人搭訕取得各種特殊情報，久而久之我也成了交友廣闊的人，遍地是朋友，出門旅遊就像是「回到另外一個家」。部落內的柴火烤著山豬肉和魚，鍋裡煮的是阿美族的十全蔬菜湯或原住民樹豆排骨湯，和原住民朋友上山或回部落，嘗野草，過著像極了「現代版神農氏」的體驗。

有別於都市人對山林裡的認知，生物分類法的界門綱目科屬種科學方式，置於原住民對自然概念卻不適用。跟著祖靈在森林中打滾走跳，活生生的生存體驗才是真正的學以致用。

在旅途中，我真實地感受著地方鄉親的認真熱情，為各自的城鎮與領域付出努力，綻放生命力的美好。在交談的過程中，有時可以感受到他們失敗且無法逃避的過去，有時則是面對現實壓迫的無力感。而這些挫折卻沒擊敗他們，甚至讓我有機會在很棒的時間點與他們相遇，進而開始記錄下生活中微小的幸福。

那份深受感動的美好，如你也能從這本書裡得到勇氣與療癒，我會深深感謝著。更期盼你能走進花蓮、台東小鎮，感受這片土地、感受這裡的人情，帶著滿滿能量，繼續前行。

最後，也將這本書獻給生活在花東這塊土地的人民，願你們平安。

HUALIEN 花蓮

TAITUNG 台東

HUALIEN 花蓮

1

CHAPTER

光復鄉

太巴塱部落——唯一的紅糯米

我們都在極力找回本分，如同稻田中紅糯米般的承諾。

穀粒飽滿，外表有著紅色米糠的紅糯米，是花蓮光復鄉太巴塱部落阿美族人驕傲的作物。從老祖先口耳相傳，在稻田中能收成的紅糯米，是被祖靈祝福過的穀物。我從太巴塱部落族人聆聽到這份過去，從長者眼中見到溫暖和煦的光芒，略帶點驕傲與自豪。

大家都說，花蓮的土會黏人，從花蓮市區搭火車一路到光復時，總是惦記光復糖廠，特地為此停留。只為了一枝能消暑的枝仔冰或幾球冰淇淋，那是炎炎夏日短暫休憩且可瞭望一旁花東縱谷發呆的好地方。馬太鞍濕地和埃索拉湧泉都是光復鄉內的知名景點；想要抵達太巴塱，從光復車站開車10分鐘即可到達，但這個阿美族部落卻鮮少遊客知道，並為此駐足。

一切都是從大洪水開始的。相傳阿美族的祖先在很久很久以前，住在台東市南方的阿拉巴耐（Arapanay）。據說，

太巴塱傳統家屋

太巴塱紅糯米生活館

太巴塱社區營造協會

花蓮縣光復鄉富愛街 22 號

03-8703141

www.facebook.com/tafalong8703141

太巴塱紅糯米生活館

花蓮縣光復鄉富愛街 15-1 號

03-8703419

www.facebook.com/tafalongkatepaay

海神之子弗拉拉卡斯（Felalakac）因為要強娶女神迪雅瑪贊（Tiyamacan）為妻，而迪雅瑪贊家人為了阻止協助躲藏，引來海神之子一怒引發洪水淹沒陸地，其中四哥拉拉康（Lalakan）和五妹蘿濟（Doci）在逃難中一同駕著小船離開。兩兄妹長大之後結為夫妻，第一胎卻生下了蛇怪，夫妻倆為此傷心不已。不過，天神聆聽到哭泣的聲音之後，送來了一個竹筒，裡面裝滿芒草、箭竹和紅糯米種子，給予建蓋房屋、食物和器具的材料，這對夫妻吃下紅糯米之後，才生下正常的孩子，從此之後，阿美族人也得以有了延續。

伴隨著部落風格的神話故事，走過許多阿美族部落，但我卻只對太巴塱的紅糯米有一種情有獨鍾的情感與記憶。我不禁好奇地詢問耆老：「紅糯米對你們來說，是平常吃飯的主食呢？還是某些重要時刻才會出現的祈禱物品？」「其實都是。」耆老這樣告訴我。每一年種植的紅糯米，一半會拿來吃，一半拿來繼續耕作，讓年年都有紅糯米可以享用。不過，在重要的訪客和貴賓來訪與慶典祭神時，也會特別煮紅糯米飯（Hakhak），拿出紅糯米酒招待客人。當然，其他部落常見的小米麻糬，在太巴塱部落，也換成了「紅糯米麻糬」

紅糯米田

（Toron）端上桌。

走在太巴塱部落，一旁可見許多綠色稻田。稻田裡的植物高度給人感覺才剛種下去不久，尚未長大的模樣。部落族人特別介紹：「這一片稻田都是紅糯米喔。」從外觀看上去，它長得跟普通水稻一模一樣……不知道紅糯米長大結成稻穗之後，是否也能像台東池上的金黃稻穗那樣迷人呢？我想像著這片稻田之後的模樣，也不禁疑惑著紅糯米看起來就像稻子，那為什麼只有太巴塱這裡有種植呢？

族人告訴我，「部落有好多文化與過去都在失去，特別是紅糯米。我們想要找回來這個阿美族過往的食物，如同小米對於布農族一樣的重要。」

在紅糯米的稻穀前端會有一個長長的「芒」，它可以降低鳥害，不過也會讓收成的農機械卡住，造成很難用機器收割，必須使用人力來割稻，作業成本因此拉高。經過後續研究才藉由調整割稻機來解決「芒」的問題，不過紅糯米本身產量低，種子也不太好栽培，也正因如此，每一粒紅糯米的收成，都顯得十足珍貴。

太巴塱部落為了恢復並找尋以前祖先對於紅糯米的使用方式與傳統，在部落內成立了紅糯米生活館，讓許多前來的遊客能夠體驗自釀糯米酒、製作紅糯米麻糬和深度走訪部落文化導覽等多項行程。雖然恢復傳統還有很長的路要走，但走進部落探訪，與在地人接觸交流，絕對能讓旅行獲得更多。

部落三寶「檳榔、菸、酒」是阿美族人與祖靈溝通的標配。能幹的阿美族部落婦女雙手，有的會釀酒、有的會料理，每個人做出來的酒釀香氣與味道都大不相同。跟著幹練的太巴塱婦女學習做紅糯米酒釀可是難得的機會，雖然我自嘲沒有太多料理天賦，但只要將糯米和紅糯米用一定比例加入酒麴混合均勻，裝罐之後等待時機成熟，就有紅糯

1 | 2
3 | 4

1. 太巴塱紅糯米
2. 紅糯米飯，也是準備製成酒釀的材料
3. 傳統搗紅糯米麻糬
4. 紅糯米麻糬

米酒可以享用。

「你們呦……要用手……不要戴手套也不要拿飯勺，直接用手才是傳統的做法啊！」

「有點黏黏……而且不用器具這樣手汗也跑進去了……」

「喔呦，不懂捏，手汗的味道才是正牌的紅糯米酒啊！」

部落婦女見到我們這群到部落旅行的白浪（註1），沒人敢用雙手製作，只敢用飯勺或使用一旁能用上的器具，忍不住給起了指導建議。

「不是每個人的手汗都適合做酒喔，有些人手汗味道不對，怎麼做酒怎麼失敗捏。」

「那以前做不出酒來的人怎麼辦？」

「可以用物品去跟鄰居交換啊，你不擅長的，搞不好有人會擅長。」

這句話真的點醒我的腦袋。對啊，人生不就是不斷找尋自己擅長的事物就好了嗎？見著自己親手裝好的紅糯米酒釀，再過幾個月就能享用，可以隨著喜好做成酒釀湯圓或直接食用，心底湧出了欣慰的感動。

瓶罐裡裝滿著太巴塱的空氣，和太巴塱出產的唯一紅糯米，也盛裝了我對未來香甜與濃郁的期許。

※註1 白浪，原住民對漢人的稱呼。

1. 太巴塱的紅糯米風味餐

2. 紅糯米和紅糯米酒釀

玉里鎮

稻米——綠色大地的友善耕作

令人念念不忘的花蓮之米，花蓮縱谷線的六位在地小農，從相識、相認至集結而成的友善耕作，站在稻田上欣賞到的翠綠，與一旁山谷融為了一體。

民以食為天，隨著友善耕作或有機概念意識抬頭，許多消費者會開始查詢並注意農產品的來源或者由哪位小農生產。起初，對這些也完全沒有概念的我，卻因為幾位在花蓮奮鬥的小農，而開啟了對農產品和產地的極大興趣。每當想起花蓮，腦海中浮現的是那一望無際的稻田，穿梭在山谷中放鬆愜意的自然；從春天種下秧苗，炎炎夏日耕種，稻穀漸漸飽滿而低垂，呈現金黃稻穗的絕佳美景。在台東池上，一期一會的秋收演唱會吸引各方音樂迷前來，觀眾席上大家不僅陶醉著欣賞舞台上歌手表演，更將表演者背後黃澄澄的稻穀和遠方綿延不絕的中央山脈景色，一併收進眼簾。

收割之後，又是一幅蕭瑟的美景。多了點寂靜冷清，卻讓人知道夏去冬來

夏俊傑的稻米田

一年的時光又即將過去。海岸山脈與中央山脈之間的玉里鎮，是花東縱谷平原最大的米鄉，更是台灣單一行政區中最大的水稻生產區。出了玉里市區的城鎮，四周圍都是美麗的稻田美景，水源取自於拉庫拉庫溪和秀姑巒溪。從看不懂田，到熟悉田，從不懂稻米的生長，現在也能從農夫的角度開始出發，漸漸地，看懂了稻田間不同階層的綠。

最初對農民的印象，都是有點年紀、經營自家或承租農地種田的長輩。但第一次見到玉里的在地小農康明義先生，卻顛覆了我對傳統農耕的既定印象與標籤。除了懂攝影，玉里和花蓮其他地區的人文歷史與地理環境，他都能信手捻來講出一堆有趣故事，口才之好，我不禁開始懷疑他是「被務農耽誤的領隊人才」。其對花蓮熟悉的程度，更讓人以為他是土生土長的花蓮玉里人。

沒想到，康大哥竟是不折不扣的台北淡水人，在厭倦了台北的生活與各種淡水河髒污後，決定帶著老婆回到她的家鄉「花蓮」，開始種田務農的花蓮日常。從什麼都不會，到一直學一直種，後來因為不忍看到土地環保問題，決定採取「與地共生、與蟲共存」，用傳統老一輩無法理解的方式務農，但他仍堅信，那才是對土地

1. 白米

2. 如綠地毯般的田埂

友善正確且自然的狀態。

「蟲吃剩的，才是我們人吃的米。」

跟著康大哥走在他的農田田埂，感覺腳下踩踏的是人生中最厚實的。並不是因為土堆得比較高，而是堅持不使用農藥，並且讓雜草長滿田埂；除了視覺好看之外，還能有水土保持的效果，也不用花時間除草。扎實的田埂走道，彷佛就是高級五星級飯店的地毯。我甚至很想要躺在這裡，抬頭仰望頂上的藍天與白雲，感受微風吹拂帶來的稻草香氣與綠色稻浪起伏。

走在田埂間，有種療癒的感受。跟康大哥聊起了稻田的顏色，他興奮地介紹起無毒田和有機田地的顏色差異。

「有機稻米個子會比較小，稻田顏色也會偏黃，產量很少，但營養價值卻不輸給無毒田。」我睜大眼睛看著腳下的稻田，明明知道康大哥說的分界線在哪，卻沒有辦法看出來哪邊偏黃，哪邊偏綠，一臉傻樣看著田，滿臉黑人問號。那時候的我，只知道政治有分顏色，卻不知道原來稻田還有分不同層次的綠。

比起康大哥的階層綠色稻田，年輕的稻農夏俊傑卻是另外一種灑脫的慢活狀態。不到30歲就返家接手種田，夏日炎熱的馬路溫度比海邊的沙子還燙腳。

1. 康明義的稻米田

2. 稻田中的精神標語

俊傑哥沒穿鞋子就處之泰然地在自家農機具倉庫前走來走去。

「不燙嗎？」我疑惑問著。

「啊？習慣了都這樣啊。」抓抓頭的俊傑哥慢條斯理地回應。

俊傑哥的農機具倉庫是我見過的稻農中最齊全的，幾乎農業所需要的器具，從育苗種子、培育稻苗、種植稻田的生產器具都有，根本自給自足，不用再打電話找外人協助幫忙。不過，種植稻米只是他的其中一項工作，他也會幫其他稻農做育苗的工作。採收下來的稻穀，需要經過脫殼、脫糠之後才會是平常吃到的白米。我從未親眼見過稻穀變成白米的畫面，也是人生第一次站在脫糠機前，看著稻米落下成為白米瀑布。悠然飄起的米香有著純樸香氣四散空氣中，伴隨機器運作的框啦框啦、達達達達運作聲，見著米粒掉落有一種難以言喻的視覺饗宴與嗅覺衝擊。那一刻，我才覺得能吃到任何一粒米，都是無比幸福的。

「要做什麼偉大的事情？人不能一天不吃飯，能種出好米就是做了一件好事。」鍾錦海大哥這句名言至今令我感動。皮膚黝黑，講起話來緩慢又老實誠懇的他，從壁磚師傅轉作農夫，從零開始自己研究種好米，鍾大哥總說自己接下家業是磨練許久的安排。

都說農業靠天吃飯，不僅要應付灌溉用水、土質變化、飄忽不定的天氣變化，每一個細節都花心血做到極致，充滿日系匠人的研究精神與態度，難怪讓鍾大哥拿下許多冠軍米比賽，各種獎項多到家裡沒地方放。

拜訪當時在鍾大哥家裡用餐吃飯，面對滿桌的豬腳、白斬雞、養生蔬菜熱情招待，更令我難忘的還是那一鍋白飯。煮得火侯恰恰好，白飯Ｑ度不軟爛、粒粒分明，不用特地出國，在台灣就能吃到不輸日本的白米和糙米飯。從那之後，我有了想要了解更多農業的動機，也漸漸看懂當初站在農田與康大哥看著不同階層的稻草綠，那分層到底在哪裡了。

只因為一鍋白米飯而感動，我想，這也是最簡單純樸的出發點吧。在地人默默地把一件事情做好，感動了身邊的人，而我們，也透過他們的匠人精神，繼續透過文字讓更多人知道。

玉里鎮

漫步鄉鎮—花蓮山線的中繼站

從台北搭火車到花蓮，除了花蓮火車站外，我最常下車的地點就是玉里火車站。往北可到達花蓮其他區域，往東通往玉長公路至台東，往南則可至富里或台東。自從台灣西部有了高鐵之後，旅遊目的地多了許多選擇，但我反倒是喜歡玉里的多種樣貌變化。比起其他城鎮，玉里純樸且資源豐富，到安通溫泉很近，穿越玉長隧道就到台東，還有不遠處的六十石山和赤科山夏日絕美金針花海。

要認識一個城鎮，最好的方式就從逛在地菜市場開始。而能提早到菜市場的動力，就是選擇一個有強烈慾望想吃的在地限定早餐。從葉安咕傳統小吃的菜頭粿、碗粿開始展開美食之旅，玉里大腸飯份量足，也才45元有找，香香軟軟的壽司米飯一早塞滿胃又能飽肚。除了令人食指大動的在地早餐，觀察玉里菜市場每個攤販賣的物品也非常有趣。這裡有許多周邊城鎮的人前來買菜，在地阿伯或阿嬤會拎著自己栽種的各種蔬

赤科山的金針花季

葉安咕傳統小吃

花蓮縣玉里鎮民權街 59 號

0919-239572

玉里大腸飯

花蓮縣玉里鎮民權街 57 號

廣盛堂

花蓮縣玉里鎮中山路二段 82 號

03-8882569

橋頭臭豆腐

花蓮縣玉里鎮民權街 15 號

03-8882545

www.facebook.com/yulitofu

六十石山

花蓮縣富里鄉

赤科山

花蓮縣玉里鎮

菜來簡單擺攤並跟大家分享，完全是不折不扣的「小農直送」。菜市場裡也能見到許多原住民區域才會出現的野菜或醃漬物品，閩南、客家、原民和當季才有的各種新鮮水果和蔬菜大匯集，在此挖寶也成了一大樂事。

玉里菜市場是個會吸乾口袋錢包的怪獸，更是會忍不住一直想買菜卻沒地方可以料理的矛盾所在。

走在玉里街上，不難見到寫著「玉里麵」三個大字的招牌。但如同嘉義雞肉飯和彰化爌肉飯一樣，出了該城鎮，就很難吃到原汁原味的同一個味道。以大骨湯當湯底的玉里麵，傳說緣起日據時代的日本人將拉麵飲食文化傳至台灣，後來中國的福州師傅隨著國民政府來台，到玉里擺攤賣麵，賣起一種跟黃色油麵很相像的大麵，其麵條Q彈有勁，又因為是從玉里發跡，便成為大家口中的「玉里麵」。

現今的玉里麵已經演化成用油麵來烹煮，並用豬大骨作為高湯，加上油蔥、豆芽、韭菜和豬肉片等等，成為現在的玉里麵版本。而後吃法又有了改變，有羹湯、乾拌等各種形式，非常有趣。每到玉里鎮上，不來上一碗玉里麵好像說不過去，有一種到此一遊的打卡效果與心靈滿足。

1 / 2

1. 玉里麵

2. 廣盛堂羊羹

除了玉里麵，玉里街上的老店還不少，像是以羊羹為名的廣盛堂，已經是近70年老店。廖楊廣老闆向日本人學習各種糕點和羊羹後在此開店，口耳相傳下廣受歡迎，是喜愛糕餅類的人值得前來購買的玉里伴手禮。我特別喜愛從玉里火車站出發，不透過任何交通工具，就只用雙腳好好地逛玉里城鎮，邊走邊看穿越各種小巷弄，挖掘許多沒有招牌的在地小店與美食。

明明吃了玉里麵，明明胃中已塞滿了食物，但聞到橋頭臭豆腐的味道，還是忍不住直接抽取號碼牌來一份。好喜歡這裡外表香脆充滿多汁的臭豆腐，加上酸甜醒腦的泡菜，搭配從冰箱直接拿取的大寶特瓶紅茶帶回台北或在火車上慢慢喝，已經變成一種來花蓮玉里的儀式感。填補了旅行途中的某一小塊拼圖，有了在地美食才更加完整。每個人都有自己的獨特美食喜好，漫步在玉里的巷弄中，透過自己的味覺與直覺，找到符合味蕾的香氣大快朵頤，對我而言，就好像解鎖某種成就般滿足。

站在玉里，好像距離世界好近。北往花蓮市走，東往台東長濱；在玉里有個騎鐵馬路線，能從橋上跨越歐亞板塊和菲律賓海板塊，站在上面，就好像自己有了全世界般的自信，腳踏兩條船不

1 1. 橋頭臭豆腐

2 2. 歐亞板塊與菲律賓海板塊交接處，也是網紅 IG 打卡點稀奇，可以腳踏兩個板塊才有趣。另一個喜歡玉里的原因，是每到夏季金針花開，無論從玉里往北到赤科山或往南走六十石山，明明都是橘色蓬勃朝氣的金針花海，卻有別於六十石山的開闊景色，赤科山的金針花海充滿了在地特色，小巧蜿蜒，幾乎垂直而上的坡道可以俯瞰山下的山巒與秀姑巒溪。

清晨是最美的時節，剛升起的太陽，透過雲朵灑落下和煦光芒，在金針花瓣上形成點點光斑，也讓葉片上的露水顯得更晶瑩剔透。遠方巍峨的山巒，翠綠且深淺不一的淺山模樣，與自己所站的金黃金針花田之間，形成了強烈對比。從早晨市場的喧囂活力、街上充滿美食驚喜，一直到緩慢的山林都享有同個感動頻率。翠綠稻田是玉里的顏色，金針花滿開是專屬於玉里的活力。

秀林鄉

清水斷崖——數不清的海和那份色階

若要說個地方，能做為代表花東視角的太平洋，應該莫過於清水斷崖了。許多外國人都讚嘆清水斷崖的美，站在海拔800公尺的地方，綿延不絕的21公里海岸線，每當開車行駛於山壁與無垠大海、花蓮和平至崇德路段，遼闊景色總令人不自覺胸懷就開闊起來，彷彿煩惱都可以隨意丟入大海不需要署名找回。

許多靈感從太平洋的清水斷崖開始，也如同山海與人的故事序章，上演一連串的彭湃、沉靜與包容情節。

在還沒有蘇花改的年代，走清水斷崖最兢兢業業，但也最令人感到莫大興奮。走在舊道路上，無論何時都可以欣賞到遠方道路的變化，一個接一個的悠長隧道，和一旁接續不斷、拍打著岸石或沙灘的浪花，日復一日，年復一年。看似頻率相同，不同的則是道路上來來往往的人潮，還有改變蘇花公路的蘇花改。

無論是從台北到花蓮，或是從花蓮

清水斷崖

多羅滿賞鯨公司

花蓮縣花蓮市華東 15 號

03-8333821

www.turumoan.com.tw

遊玩返程台北，總是忍不住想趁著太陽尚未下山前，完成蘇花公路的路段，將時間預留在蘇花公路上的臨海徒步區，也是清水斷崖中最棒的欣賞景點之處。站在七星潭境內，可以看到清水斷崖的天氣好壞，雲朵多寡、天氣陰晴，但清水斷崖旁的太平洋，就如同不同面向的神明般，多變卻包容。

天氣好時，絢爛的陽光照射在太平洋上波光粼粼，就連海浪拍打著岸邊都是一種享受。與之不同的，則是陰雨天的清水斷崖，海水波光轉化成灰暗色系，浪花不再輕柔緩慢，而是充滿個性且霸權的威嚴感，灰濛濛的山巒不再清晰，壟罩一層面紗，像是最神祕的存在。

清水斷崖是能容納許多故事的地方，那一天，跟著多羅滿賞鯨的攝影航班，特地一早就出發來趟日出行程。能遇上什麼鯨豚一切都是未知數，可能是驚喜，可能是驚嚇，也可能什麼都沒有。在東台灣的海上，早上六點多出航是我的初體驗。日出的海面顏色與下午亮麗海面截然不同，莫蘭迪色系的藍灰如絲綢緞面般柔軟，令人忍不住想要觸碰。

想要欣賞怎樣的鯨豚，都沒拿捏個準；遇到誰都是上天給予的禮物，海神

清水斷崖與船隻前進的水波

清水斷崖上的山嵐

波賽頓的贈與。不過，這天日出出海特別奇怪，從花蓮港口出發後，沒遇上常見的飛炫海豚伴隨我們一路向北，感覺有點寂寞。站在搖晃的多羅滿船上，終於有了幾隻飛炫海豚的消息，但數目相對平常來說，顯得寥寥無幾。探險大概就是這樣，能遇到什麼都是命運的安排，沒見到海底下的生物們，那不如就花點時間，欣賞從不同角度看到的清水斷崖吧。

伴隨著搖晃的船隻，眼前的清水斷崖與東邊升起不久的太陽光芒一同收進眼廉。從沒有站在太平洋上的角度欣賞清水斷崖，遼闊的山壁，綿延不絕的寬度早已震撼我的視野。意圖想用相機記錄下來這美好時刻，卻怎麼拍攝都不足以容納那種大山大海，宛如國家地理頻道才能看見的美。放下相機，此刻只想躺在甲板上望著天空，用舒適放鬆的方式享受清水斷崖的美。我們總是從某些角度與視野認為這就是生命的全部，但若能有機會換個角度，才發現世界能夠很不一樣。

船隻悠悠地即將返回花蓮港。看完清水斷崖的絕美景色後，繼續在海上找尋是否有其他鯨豚的蹤跡，此時，一個浮窺（註1）讓我們從廣大的清水斷崖中驚醒。

※ 註1 浮窺，是鯨豚將頭和胸鰭揚升出水，再緩緩下沉隱沒在海中的動作，目的為環顧海面上周圍環境。

1. 抹香鯨噴氣

2. 抹香鯨舉尾下潛

1	2
3	4

1. 站在海廢棄物箱上的藍臉鰹鳥
2. 從海上看清水斷崖
3. 清水斷崖上的大清水隧道
4. 岩石面的清水斷崖，底下還有個海蝕洞

1. 浮出水面換氣的飛炫海豚
2. 柯式喙鯨上來換氣與噴水
3. 柯式喙鯨背上的白點點為最好認的標誌
4. 在水面上前進的柯式喙鯨

1 1. 跳躍的飛炫海豚

2 2. 成群悠游的飛炫海豚

飛炫海豚

「是喙鯨！」鯨豚攝影師金磊大聲地呼喊著，瞬間也喚醒了所有人的精神。對鯨豚動物來說，浮窺是個很可愛且有趣的動作，像極了打地鼠遊戲裡、地鼠將頭探出來環顧四周的畫面。不過，浮窺的動作都是飛快，宛如見到流星時還沒喊完「啊！有流星」，光那個「啊」字說完，流星也消失的瞬間。

在海上航行的次數不多，但次次都令人懷念且精神百倍。喙鯨個性非常膽小敏感，與人來瘋的飛炫海豚常常沒事來個跳躍轉圈圈，再掉入大海濺起大量水花的外向個性不同；喙鯨像極了膽小怕事的小跟班，深怕出事老早就跑到一百公尺外躲起來的害羞個性，讓在海上觀察喙鯨更不是一件容易的事。

喙鯨是個擅長潛水的尖吻鯨類，是能保持潛水時間最長、深度最深的哺乳類，甚至有近3000多公尺深的紀錄。長達3個多小時的換氣時間，要在海上發現喙鯨更是難上加難。在一望無際的大海中，能剛好在某個座標內遇見喙鯨浮出水面換氣，何其幸運。尤其遇見的那隻喙鯨，並沒有因為浮窺之後害羞潛水離去，反倒是漂浮在水下，緩慢地觀察多羅滿這艘船隻，讓我們又驚又喜，就連出海經驗豐富的金磊都沒見過這種狀況。

1

2

1. 花蓮港

2. 宛如緞面的美麗海面

　　喙鯨在水面不遠處觀察我們，從背上的點點花樣可研判這是隻「柯式喙鯨」。牠不斷在船旁邊游來游去，不時起身換氣，彷彿對多羅滿這艘船有極大的興趣。陰鬱的天氣水面下依舊能見到喙鯨身影，就連出海經驗豐富的江文龍船長也嘖嘖稱奇。每次跟著多羅滿船出海，只要遇到適合觀察的鯨豚，船長就會保持適當距離，不特意靠近並將引擎關閉，用最友善的方式讓大家欣賞鯨豚之美。

　　我們用相機或手機抓緊時間大拍特拍難得一見的喙鯨，各種角度、各種動作，就連喙鯨浮出水面換氣的身影也不能錯過。難怪今晨什麼鯨豚都沒遇見，原來是幸運全都壓在喙鯨身上了。隨著航行時間即將結束，我們跟喙鯨說了再見，緩緩地回到花蓮港內。至今，腦海裡都依然清晰記得喙鯨浮出海面的那一刻。

　　大海是包容的、幸運的。當你向大海許願列了一堆清單想要見到的，不如巧遇一見；想看的沒看到，沒想過會見到的卻見到了。好感恩清水斷崖的美，讓我遇見柯式喙鯨那十幾分鐘的相見。

卓溪鄉

步道巡禮——你好，瓦拉米步道

許多人知道花蓮，卻不知道卓溪鄉，一個隱沒於山谷之間且面積第二大的鄉鎮，人口密度最低的行政區。相較於卓溪鄉盛產的柚子、苦茶油、青梅等特產，八通關古道的名氣遠大於卓溪鄉，不僅是有名的橫縱貫步行道路，其西半邊更因為被納入玉山國家公園範圍，有著難以言喻的人文遺跡與豐富生態。

在卓溪，平原是稀有的土地，取而代之的是高聳直入天的 3000 公尺高山，約有20多座。這樣高山多平地少的環境，有著許多原住民在此居住，像是太魯閣族、泰雅族和布農族等，其中又以布農族人口比例最多。布農族在18世紀左右被日本人採取集團移住的政策，將八通關沿線的部落族人遷至山下的卓溪鄉定居，這樣的歷史背景，也造就了八通關古道上豐富的人文遺跡與其背後故事。

瓦拉米步道，僅是八通關越嶺道東段的其中一小部分；有別於高聳的登山

南安遊客中心前面的稻田

南安遊客中心

- 花蓮縣卓溪鄉 83-3 號
- 03-8887560
- www.ysnp.gov.tw/TouristCenter/615b7d3b-6beb-43b9-9356-5044d18c57ae

南安瀑布

- 花蓮縣卓溪鄉

瓦拉米

- 花蓮縣卓溪鄉

山風駐在所

路線，瓦拉米步道只有全長14公里，不陡峭且坡度低，而且能欣賞到周圍相當優美迷人的風景。瓦拉米步道的路線沿著拉庫拉庫溪流谷而上，並且會通過五座吊橋和多處駐在所遺址。若時間不多或僅想單純旅遊，可以走瓦拉米步道前段或中段即可，但若想要挑戰後段，就需要申請入山證，並且要有中級登山步道經驗，才建議登道走巡。

因為行程安排的關係，停留瓦拉米步道的時間不多，後段只能留待下次再來挑戰。從花蓮玉里火車站開車到南安遊客中心不過15分鐘的時間，但一路上的景色宛如進到不熟悉的森林裡，不僅車少、也沒有遊客如織的景象。遊客中心前方的稻田深得我心，許久沒見過這樣生長得極好且豐盛的稻米，周圍建築物不多，襯著一旁的山谷溪流樂樂溪與高聳入天山巒，一棵茄冬樹矗立一望無際的稻田中，詩情畫意的風景令人醉心。這天，風不強，但微風足以讓稻子們彎腰擺動，茄冬樹的樹葉被風吹得沙沙作響，那瞬間，一切好像宮崎駿的電影畫面般又夢幻又寫實。

南安瀑布是個很不可思議的存在，50公尺高的瀑布，垂掛在台30線公路旁，開車直接就能抵達欣賞。大里仙山成為銀白色水流傾瀉而下，水流說大不

南安瀑布

大、說小不小，豐沛水量與水潭激起的輕柔浪花，搭配固定頻率水流聲，是屬於森林山谷中療癒身心的芬多精。

山中的吊橋令人著迷，我至今在其他步道還沒走過比瓦拉米步道還多的吊橋數量。「瓦拉米」（Walami）一字，在布農族語的意思為「一起去做某件事情」，發音又與日文的「蕨」（Walabi）很接近，因日治時代在此建立許多駐在所，故也被命名成「蕨駐在所」。炎熱的夏日，走進充滿涼風的瓦拉米步道，是一種森林的療癒與撫慰。從登山口出發，若不申請登山證，就只能到「佳心」之後返回，剩下的「黃麻一號橋」、「黃麻二號橋」、「瓦拉米橋」都是需要入山證才能走的吊橋與路線，因此，我們這次的目標走完「山風一號橋」、「山風二號橋」就足夠。

從登山口走沒多久，大約 500 公尺左右，就到達「山風」。這裡是當時日警駐紮的駐在所，不過，現今見到的卻是一片平地的遺址。仔細觀察道路兩旁，蕨類生態極其豐富，不僅如此，也聽過許多前人走瓦拉米步道時，一早前來可以幸運地見到在地野生動物，像是藍腹鷴、山羌、黃鼠狼等，有時甚至還能看到台灣黑熊的蹤跡。不過，這次走瓦拉米步道我卻什

山風一號吊橋

麼都沒見到，也許是期望我下次再來會有更多種變化的可能。

起初，還不太懂這個叫「山風」的地點名字含意，走在林蔭下的道路，感受不到任何風的吹拂。直到站在山風一號吊橋上才知道，山谷中迎面而來的冷風，那種森林裡獨有的沁涼微風，帶來彷彿雙腳踏在清澈見底溪水的透明感；日據時代至今，山風的名字始終如一。墨綠色的山風一號吊橋橫跨溪谷兩側，若站在吊橋上往左看，能見到傾瀉而下的山風瀑布，涓涓細流進入拉庫拉庫溪的潔白，與一旁的翠綠山谷和堅硬岩石形成強烈對比。離地30層樓的高度，成為瓦拉米步道第一個吊橋遇到的壯麗景色，將兩岸橫跨連接的是過往與現今，日據時代與解嚴後的現代。

比起宏觀偉大的山風一號吊橋，山風二號吊橋就比較迷人與小巧。短短的25公尺乘載著懷舊古樸之感，都取自「山風」，卻有截然不同的感受與氛圍。明明都是瓦拉米步道，有一號吊橋的寬闊霸氣，有二號吊橋的小巧迷你，如同穿梭在不同時空下，眼前的駐在所雖是一片空無，卻留下任憑大家各自想像的空間。

山風一號吊橋上的山谷景色

花蓮市

新味醬油——百年釀製古早的豆香

以小吃香氣串起花蓮百年的現在進行式，醬汁更是構成美食的首要條件，其靈魂所在。大豆經過時間的淬鍊與沉澱，一瓶瓶醬油呈現在貨架上等待著被顧客挑選，變化出各式各樣的美食呈現，或者是滷肉飯，或者是滷豆干、扁食等等，影響千千萬萬遊客的味蕾體驗。

喜愛傳統老店帶來的歷久不衰，隨著人的轉變與事過境遷，依舊懷念著各地老味道的滋味。開門七件事「柴米油鹽醬醋茶」，件件重要，生活中離不開也緊密圍繞。踏入 1927 年創立至今的近百年老店「新味醬油」，從日據時代開始豆麥釀造技術，堅持手工釀造醬油方式，將職人精神歷經三代傳承至今，更是花蓮最後一家傳統手工釀造場。

門口擺放著巨型釀造桶，已退役的模樣提醒著過往路人這家店與眾不同的曾經。近百年的釀造技術與堅持不懈的態度，從創立至今，依舊不減

豆麴

歷史悠久的釀造醬油大木桶

新味醬油

花蓮縣花蓮市博愛街 134 號

03-8323068

www.hsinwei1927.com

當年風潮。

初次見到第三代許桓巽先生，他緩緩說著新味醬油的歷史背景。有別於台灣西部的乾式發酵法，新味醬油採取日式豆麥法地窖式發酵。從使用加拿大無基因改造的黃豆蒸煮過後，添加麴就下入至缸內等待發酵，再定期攪拌直到泥狀、進行過濾，熟成之後壓榨成第一道初榨醬油，最後殺菌，須歷經多樣繁複工作。天氣、溫度、濕度等等因素，都是嚴格控管影響風味的條件，尤其從麴豆下入木桶時，每隔兩到三天就需要攪拌一次的動作，工作量更是繁重。

又寬又大的木桶快比人高，若桶內盛滿豆麴不難想見會有多重，更何況要兩、三天就攪拌一次。「發酵時這裡的環境溫度很高，一桶都還沒攪拌完畢就滿身是汗。」第三代老闆許桓巽手拿大型木杓，示範著過往攪拌的動作模樣。不只體力辛苦，不簡單的還有釀造醬油的時間，得足足要花上一年。

堅持古法釀造耗工費時，問到許老闆有沒有想過改用別種比較快速的方式做醬油？「嗯……是有想過，但其他方式釀出來的醬油味道就是不一樣！沒有古早味香氣，吃下後也沒有回甘的感受。」為了堅持醬香古早味，走過一甲子的老店有著自己的堅持。「明明知道

1	2
3	4

1. 新味醬油
2. 豆腐乳 DIY
3. 新味醬油第三代許桓巽講解醬油釀造方式
4. 添加花蓮海洋深層水的在地風味醬油

這樣做出來很慢又花時間，但花蓮地區就剩我們這一家了，再怎麼樣也要把古早釀造方式保留下來，否則會慢慢地在世界上消失。」

「花蓮市很多小吃或餐廳都在用我們家的醬油，若我們不做了，那些傳統小吃味道也會跟著改變。很多老客戶都支持我們繼續堅持下去，不然其實把店面租出去可能還比較輕鬆呢。」雖然許老闆半開玩笑地說著，但他其實肩負了味道傳承的使命，以及那份不知何來的責任感。1927 年第一代創辦人許日，從彰化鹿港至花蓮市，到哥哥許圓的醬油工廠學習如何製作醬油，掌握技術之後買下日本人所經營的醬油工廠，並改名成「珍芳醬油工廠」，以霸氣的「虎標」圖樣為招牌，直到 1970 年二代許南東夫婦接手，改成「新味醬油」的名稱經營迄今。

花蓮地區許多在地老店都是新味醬油的老客戶，像戴記扁食、液香扁食、周家小籠包、張瑋烤肉吐司、德利豆乾、炸彈蔥油餅、南華大陸麵店等等，這樣牽一髮動全身的古早味醬油香氣，默默串聯起花蓮地區許多好味道，交織成一張張美食網絡，串起讓人無法忘懷的好滋味。

新味醬油也很適合用來滷製肥瘦剛

1. 扁食

2. 炸彈蔥油餅

好的五花肉，若喜歡吃甜口味，還可以加入冰糖。經過幾小時的滷製，就是一鍋下飯或可以單吃不死鹹的滷肉，讓家中餐桌隨時飄香著媽媽的拿手好菜，令人懷念。簡單回甘，伴隨著每個人沉澱一年又一年。而那一年又一年的時光與青春，在歷經春夏秋冬四個季節，那種淬鍊的天然滋味，也是累積百年的經驗與三代的傳承。

走在花蓮街道，隨處可見各種特色小吃與伴手禮，而醬油的風味則取決於在地食材的味道，是不是能讓花蓮醬油有不一樣的風味。就像各地區的咖啡園或酒廠，風土影響著釀造結果，添加山苦瓜的醬油、添加海洋深層水的醬油、添加馬告的醬油、添加紅藜的醬油，新味醬油第三代研發出各種不同的醬油口味，接地氣的花蓮風土情，可以一口品嘗花蓮的空氣、水與物產，沒有最好，只有獨一無二的味道。

吃完扁食、炸彈蔥油餅，手裡拿著周家小籠包，我開始不自覺地懷念起新味醬油的醬汁味道。到花蓮市品嘗美食，是一種懷念，是一種儀式，也是對近百年老店的尊敬與敬畏。

黃豆與豆麴

新城鄉

捕魚、吃魚——另外一種對漁業的理解方式

海洋能療癒許多事，給予包容且饋贈，例如品嘗海洋內的鮮美海味則為其一功能。我難以割捨山和海到底喜歡哪一個，這種糾纏仔細思考過後，依舊無法給出答案。無論是清水斷崖或是太平洋、七星潭，山的高聳與海的遼闊，都佔據旅行途中的各地情懷。

品嘗海味的鮮甜，是來到海港城市或鄉鎮必做的項目之一。在定置漁場三代目的一碗招牌拉麵，像是打破了我這個沒有答案的問題，急欲尋找著解答。

魚骨熬製的乳白色高湯，以柚子皮和胡椒作為提香；四大片鬼頭刀魚塊佔滿碗的空間，搭配半顆溏心蛋、稍硬口感麵條，香氣四溢的味道充滿店內。每到用餐時間這裡總是高棚滿座，牆上的木製「隆豐柴魚廠」招牌吸引了我的目光，瞬間，也有了想挖掘更多關於海洋背後故事的想法。

「定置漁場」這四個字到底代表什麼含意？「隆豐柴魚廠」和漁場又有什麼關係？

七星潭與定置漁網設置區域

花蓮洄遊吧

洄遊吧食魚體驗館

花蓮縣新城鄉七星街 32 號 2F

0968-779878

www.fishbar.com.tw

定置漁場三代目

花蓮縣花蓮市建國路 23 號 1 樓

www.facebook.com/thefishery.tw

走訪後才發現，定置漁場是一種傳統的捕魚方式；在魚群經過的範圍內設置魚網，等待魚群進入之後撈捕，並使用不同的魚網孔徑來篩選魚的尺寸。至於幼魚或還沒長到適合捕撈的魚兒，則可以自由地通過孔洞游出，是一種保持海洋永續的概念，也是隆豐柴魚廠推廣食育的實踐。

農業強調從產地到餐桌，海洋永續則從認識魚種與捕魚法開始。

「餐桌上的魚，你認識多少呢？」我們是否曾經深入想過這個問題。雖然台灣四面環海，沿岸海域不同季節也有各種豐富魚種，但我們卻不太吃周圍附近的魚。就連市場陳列的各種漁獲，都不見得能正確分辨鮭魚、秋刀魚、鯛魚名稱。反倒是基隆人或澎湖人對海鮮能品論得有條有理，各有各的要求與喜好特點。

台灣明明是個海島，但是我們對海洋或漁業卻好陌生。

距離花蓮市最近的康樂漁村，有別於七星潭的碩大名氣，無論在哪個時間都能聞到海水帶來的鹹鹹空氣，那是屬於七星潭的炙熱。和台灣許多小漁村一樣，伴隨著人口外移與年齡老化，不僅陸地上許多問題等待著被解決，海洋內的漁業資源也正在逐漸消失。在陸地生

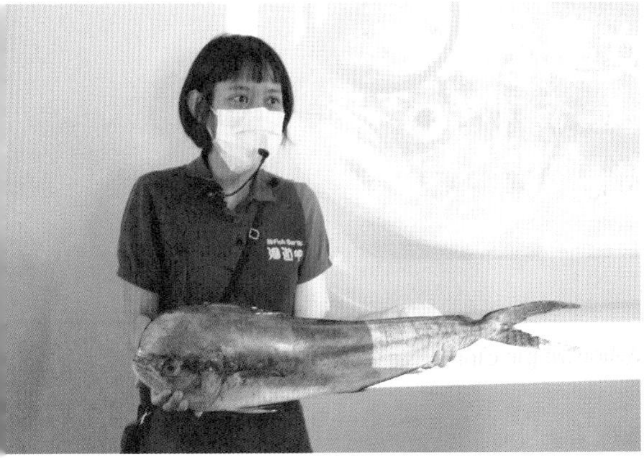

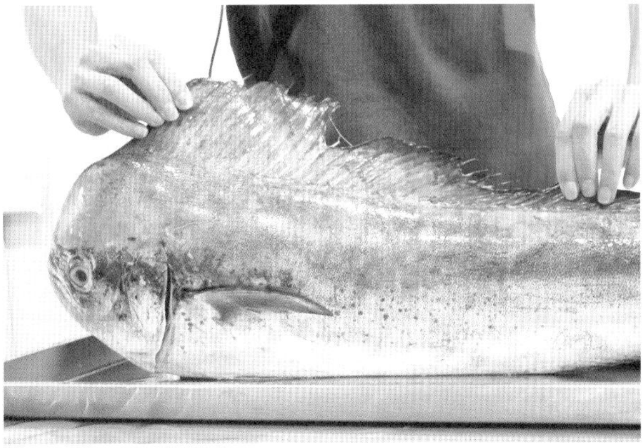

1	2
3	4

1. 鬼頭刀
2. 學習辨認鬼頭刀的各部位
3. 在地新鮮漁獲
4. 各種釣餌

活的我們，對此問題的答案似乎感覺遙遠，如同環境保育或溫室效應等議題，人人理解，卻又好像與我們沒有太大的直接關係，海洋魚類的問題也像溫水煮青蛙般烹煮著，行進緩慢。

來到七星潭圓滾滾的石頭岸上，看著許多遊客堆疊的石頭塔，這裡除了是夏天最流行的打卡景點，斷崖式的七星潭海域，也是放置定置魚網最好的所在。若早晨前來，還可見到許多漁船在外海進行作業，各種起網、收魚的作業畫面。

七星潭內的洄游魚種包括旗魚、鬼頭刀、四破、土魠、鰹魚、鰆等等。每年11月至隔年3月，當東北風吹起，海浪不再溫柔時，是東部特有的洄游性魚類「旗魚」盛產季節。其他能享受旗魚美味的季節，還有夏季的芭蕉旗魚、10月和11月限定盛產的白皮旗魚、冬天的黑皮旗魚。而適合做成生魚片的紅肉旗魚、做成魚排的劍旗魚等，都是台灣東部海域常見魚種。

每到秋天，高山上的楓葉轉紅，魚市場也能見到擺放著一排排鬼頭刀的大陣仗。無論是做成生魚片或炸魚塊，都是餐桌上不能或缺的美味料理。我曾經吃過當季鬼頭刀做成的魚排漢堡，魚肉的細緻口感，搭配剛烤出來鬆軟適中的漢堡麵包，炸得剛剛好的酥皮、生菜與醬料，瞬間擄獲我的心，榮登心目中「魚排漢堡界」排行榜第一名寶座。

用不同捕撈方式上岸的魚群，是海洋賜給我們最珍貴的資源。了解當季漁獲、懂得挑選，才能懂得料理與品味，尊重餐桌上的任何一道食物。

到花蓮七星潭看海，別急著走。七星潭的「洄遊吧」串起海洋和人們的關係，以相較友善的定置漁法、友善環境、魚種特色、盛產季節，搭配各種烹煮方式和食魚教育，串連起一道道你不曾注意的餐桌魚類，也拉近人們與海洋的距離。

富里鄉

吉拉米代——天空之城上的夢幻梯田

在台灣，有幾個地方是我心中認定「遠得要命的王國」，像是台中福壽山、梨山、南投的瑞岩部落等等。雖然上山單趟最少要花3個小時起跳，但景色迷人令人難以忘懷，下次還是會乖乖前往，而位於花蓮富里的吉拉米代也是其中之一。

吉拉米代的南風令人著迷，翠綠稻田映在湛藍天空下，彷彿像是天空之城的夢幻梯田。

從花蓮富里車站開車至吉拉米代，約略15分鐘左右，其實距離不算太遠。一路向上的蜿蜒道路，如同進入宮崎駿「神隱少女」的千尋一家，穿越過神奇隧道之後，迎來了一處神祕世界。隨著車子慢慢駛入荒蕪，身邊的森林景致也讓人忍不住按下相機快門。沒什麼來往車輛，遊客也人煙稀少，因而造就了那份神祕色彩。

車子開進高低起伏的山路，經過了河谷和數不清的檳榔樹之後，終於到達吉拉米代。

天空梯田

吉拉米代地標

吉拉米代部落

花蓮縣富里鄉

03-8831755

cilamitay.wixsite.com/cilamitay/blank

隱沒在山谷間的吉拉米代河流清澈見底，那份透明感實在太不可思議！若不是親眼站在這裡，很難想像台灣還有一個彷彿世外桃源的地方，名叫「吉拉米代」（Cilamitay）。在清朝年間，都歷、東河、關山和富源等地的阿美族人沿循著蘑溪到此定居；這裡有著超巨大的楓樹，其樹根大到可以做為橋樑，因此將此處稱為吉拉米代。在阿美族語中，此即為「那裡有大樹根」的意思。

轉往石厝溝溪的上游走，會遇上「吉哈拉艾」（Cihala' ay），此地名取自於一種吸盤魚名稱。隨處都可見到的台東間爬岩鰍和日本禿頭鯊等魚種，阿美族人稱之為「Hara」，便將此地稱為吉哈拉艾。阿美族對地名的命名方式很有趣，會以該地的「型態象徵」來直白命名，像是Cacilaw臭水溝，Cilakesay樟樹之地（因為很多樟樹）、Ciodihay蝸牛殼溪（要去該地撿蝸牛都只剩下殼）、Malawlaw麻老漏山（到那邊會很累，故取名很累的意思）等等。即便吉拉米代和吉哈拉艾地名相似，但若從阿美族語的命名方式來認識它們，就能窺探其不同的特色。

有別於居住在平地的族人，移居到吉拉米代生活的阿美族人，可以同時享受河川、山地、平原等多樣豐富的環

水圳

境。踏進部落後方的梯田，就可以見到中央山脈山巒。在形狀大小不一的梯田旁，吉拉米代的族人雅各向我們介紹著他的田地。

「這塊地前陣子被山豬搗蛋、被水鹿和山羌踩踏，剩下的地區才是我們收成的地方。」雅各一邊指著早已踩踏不成形的稻田角落，一邊氣定神閒地說著。那是一種與自然共處的生活態度。山上的梯田每一層形狀大小不一；面積較小的田地，無法用傳統農業機械播種和收割方式採收，只能使用人工割下一道道熟成的稻穀，而且還是採收動物先吃過、踏過、搗蛋過剩下的部分。

「不灑農藥，對土地和人都好，但是產量也很少。」雅各手裡拿著狼尾草揮舞著。

「我們這邊的人講話都特別大聲。部落媽媽們早上去田裡工作，蟲叫得好大聲，青蛙也是，所以我們也要大聲。」簡單的一句話，道出人與田之間的關係，以及環境與動物之間的緊密——好一種大聲，直接而純粹的對話。

「那你們要怎麼處理稻米間的蟲害？產量本來就少的狀況下，是不是會變更少？」

「是啊，但堅持有機栽種還是要撒點辣椒水，不然就認命地抓福壽螺或想

1 / 2

1. 水圳內的毛蟹

2. 吉拉米代族人們

辦法自己驅蟲。我們的米有拿到綠色保育標章喔！雖然我們的米叫哈拉米（hala'），但我不是在跟你哈拉喔！」說完雅各又爽朗地笑了開來。

我懷念著吉拉米代的熱情與太陽。花蓮太陽下的梯田邊界，一圈又一圈直到最下面的山谷。雅各的哈拉米就這樣吸收太陽與山地的日月精華，直到秋天形成黃澄澄粒粒飽滿的哈拉米。梯田旁的田埂長滿扎實雜草，這樣人與自然共生的環保概念，就是最自然的「里山」風景。不知道這片梯田秋收之時又是怎樣的榮景？伴隨著梯田前的無敵視角，遠方的山巒堆疊，迎著吹拂過來的微風，在和煦日光照射下，彷彿置身於冬日客廳中的電暖爐被窩裡，和貓咪一起舒適蜷縮著享受溫度，享受放鬆的自在時刻。

到底是怎樣的自然水源，才能灌溉出如此豐富的稻田呢？我們坐在休憩小屋中，聽雅各講著這塊土地與部落的故事。石厝溝溪是吉拉米代重要的水源地，吉拉米代的祖先沿著山中地勢開鑿出水圳，將海岸山脈湧出的山泉水藉由水圳方式，引進至梯田中。這讓我更加好奇經過挖鑿出的水圳到底是怎樣的模樣。決定起身來一場水圳探險之旅。

雅各說：「這邊有個百年水圳，長

達數百公里。」百年聽起來很久，此時卻是如此接近。

踏在前往水圳的道路上，只見岔路開頭就寫著：一邊往「吉姆娃萊」，另一邊方向往「巫拉牙罵」。我們選擇走安全性較高的「巫拉牙罵」，但依舊還是存在著一點危險。狹小的水圳伴隨著前幾天的大雨，水位略為高漲。流下來的水質透明純淨，穿著雨鞋走在水圳的小田埂上，水質清澈見底，也成為附近動物飲水的主要水源地。

水圳尚未走到底，一棵高聳的青剛櫟樹伴隨著微風拂來，沙沙搖晃的樹葉聲響悅耳迷人。「這附近有很多青剛櫟喔！」水圳旁能行走的地方只有一人能通行。一邊是牆壁，一邊則是山坡，讓踏出的每一步都需要謹慎小心。「起初，祖先們拿著十字鎬敲打岩壁慢慢做出溝渠，但因為沒有地方可以站，於是用黃藤來綁住身體，像極了猴子在攀爬。這種垂吊在半空中一點一滴開鑿的模式，像不像猴子工法？」

雅各口中的「猴子工法」聽起來有趣，實際上卻是用時間與體力換取來的重要水圳。

吉拉米代在台23線上，一端通往花蓮富里，一端通往台東東河。大多數居民將此做為經過的道路，卻鮮少有車子特意行駛，好讓吉拉米代依舊維持原本的純樸。雅各說，他每一天都會花點時間看看哈拉米，走走水圳巡田水，移除樹葉和泥土等有可能會阻塞灌溉用水的任何一切，來保持水圳通暢。這樣樸實無華的日常生活，走走水圳，看看梯田被動物搗蛋的痕跡；夏天到來則會到附近的溪流游泳玩水，若這不是仙境，那哪兒才是仙境呢？

鰲溪景色

瑞穗鄉

溫泉——療癒且暖心的日子

我覺得「瑞穗」這兩個字，好美，如同小鎮給人的氛圍一樣，輕鬆自在且療癒溫暖。身為花蓮的中繼站，往東就到長虹橋石梯坪和靜浦部落，北往到達光復，南往玉里，但每每見到「瑞穗」二字，我想到的不是牛奶，而是文旦、溫泉和療癒。

關於「療癒」，好像是近幾年新興起的名詞，代表著一種不再用踩景點與行軍的旅遊方式，選擇一個城鎮，一個特定地點，然後好好地、慢慢地用最在地人的方式，透過深度旅行審視自己所擁有的。欣賞所在地的優點，藉由包容、收納與整理，漸漸內化成獨特的方式，讓心裡沉澱一點、緩慢一點，與台北等多元大城市快速的頻率不同。慢一點能見到的世界，也會跟著不一樣。

有別於獨樹一格的花蓮玉里，瑞穗步調更慢。沒有明顯的市區或各種採買鬧區，周邊種植了許多文旦田地，擁有人人羨慕的溫泉。踏出瑞穗火車站，隨處找一家民宿都有內建溫泉，不過，開

瑞穗文旦

虎爺溫泉的溫泉花

木日光文旦驛站

花蓮縣瑞穗鄉北一路 121 號
0958-266196
www.838.url.tw

虎爺溫泉

花蓮縣瑞穗鄉祥北路二段 101 號
03-8875505
www.hoya-spa.com.tw

啟我在瑞穗泡溫泉的緣分，分別是虎爺溫泉和現今已經歇業的紅葉溫泉（位於花蓮萬榮鄉）。

泡溫泉，聽起來就是很療癒的事。

虎爺溫泉內獨有且富含碳酸鹽、鐵質與多種礦物質的泉質，與日本知名的有馬溫泉非常接近，屬於顏色獨特的金黃色溫泉。相較於戶外碩大的溫泉池與各種 SPA 區域，我偏愛到虎爺溫泉入住，享受獨一無二的溫泉套房，好好地在溫泉池裡發呆或聽著各種輕音樂、流行歌曲；隨時間的流逝，手腳開始發熱頭上冒汗，獨享一個人的時光。那種趴在溫泉池邊靜靜看著手機時間流逝，直到溫泉水不再炎熱，才結束的療癒時光，很是奢侈。

虎爺溫泉的林老闆在入住前，如同爺爺般和藹可親提醒著我，「泡完澡的溫泉水靜置一晚，能見到難得的溫泉結晶喔。」既然老闆都這樣說了，認真如我當然要親身實驗一番。一早起床，見到薄薄一層結晶在水面上，像極了下雪的雪花，可惜的是，需要透過固定的視角才能見到，也無法拍照留念。緊盯著溫泉水面看似乎有點怪異，但放了一晚的溫泉竟有如此變化，還是讓我忍不住直盯著以某種規律排列著的美麗雪花。

虎爺溫泉的室外池

虎爺溫泉後山的日出

念念不忘的，除了虎爺的溫泉之外，還有他們一家親切的問候與招呼。第二次造訪，虎爺現今已由第二代林千苗接手，但不變的同樣是把客人當作自家人招待。早餐與晚餐豐富且食材多樣化，入住之後，才發現虎爺溫泉早已有了不同的 villa 度假獨棟透天等房型。

「明天早上要看日出嗎？我們這邊後山日出非常棒喔！上次來有看到嗎？」

「沒有耶，泡溫泉太舒服……忘記要看日出了。」

「那明天要不要去後山看日出，我帶你去。」

隔日特地與千苗約了日出前的時間。早上起床不再眷戀棉被的溫暖與溫泉結晶，迅速梳理後便跳上千苗的車，開車前往後山等待日出來臨。天尚未亮，站在後山的景觀台上，底下的瑞穗市區在一片黑暗中伴隨點點閃亮的路燈燈光。隨著日出時間到來，天也漸漸地從黑暗轉變成灰濛濛的模樣。

其實，也不知道今天是否會有日出，還是厚厚的雲層會將太陽擋住，我猜想著各種不同的可能。看日出對我來說是一種賭博，賭的是接下來各種不穩定性，賭的是今日的日出是否如想像中完美。我發現自己對日出總是抱持著一

早晨俯瞰瑞穗市區

種不確定性的沒好感，一心只想見到那宛如鹹蛋黃般的燦爛朝霞，也許是完美主義作祟。

日出時間已到，厚重的烏雲擋住了太陽，卻依舊不減從雲層上透出的閃耀光芒。底下的瑞穗市區漸漸光亮，遠方山巒伴隨著風，讓各種不同形狀的雲朵跑得快一點。直到太陽完全露出了樣貌，純白光線已照亮底下的城鎮，讓人幾乎睜不開眼直視，仍戀戀不捨地不打算離開這座後山景觀台。

「你看，毛毛蟲在跑。」千苗指著底下飛奔而去的火車。

「明明就是火車，為什麼會叫毛毛蟲呢？」沒有太多想像力的我不禁丟出這個疑問。

「一節一節的火車，快速穿梭在瑞穗市區與田地……顏色都是綠色的，像不像森林中的毛毛蟲？」

嗯……的確還蠻像的。那瞬間，日出是否如想像中完美好像也不是這麼重要了。即使不完美，也與不完美的自己妥協了。到底是溫泉療癒了我的心？抑或是那飛奔而去的普悠瑪火車伴隨著山中日光景色？是無可取代的瑞穗，如美麗雪花般存在的瑞穗。

萬榮鄉

馬遠部落 — 上山，回家的路

富源溪與秀姑巒溪交會流至太平洋，流向寬闊且無邊際的自然。富源國家森林遊樂區內有個知名的蝴蝶谷，這裡曾經以有著眾多蝴蝶而聞名，而馬遠部落就位於富源溪旁，在前往蝴蝶谷的路上，是個鮮少人知道的花蓮萬榮鄉小部落。

布農族的杵音，搭配吟唱著八部合音的歌聲，響徹宛如阿凡達般的美麗河谷；不切實際般的壯麗與純淨，直到至今我依舊難以忘懷。站在河谷旁大小不一的石頭上，敲擊著木樁，搭配著簡單的節奏，與返鄉推廣部落文化的青年阿光，一起來一段音階高低不同、發揮各自特色的聲音，佔據五線譜上不同音階。簡單的「啊」拉長尾音，就是一個現學現賣的布農族八部合音。

你可能不知道在花蓮有個馬遠部落，但台北木柵動物園「團團」、「圓圓」所吃的箭竹，大多數都來自於馬遠部落所提供。

這些故事，都是從這位布農族返鄉

馬遠部落族人熱情款待遠來遊客

族人示範八部杵音

馬遠部落

花蓮縣萬榮鄉

青年阿光開始。

阿光有著黝黑的皮膚，炯炯有神的大眼。身上穿著簡單的T恤與布農族圖騰背心，那是簡易版的族服；搭配方便上山工作的長褲與能在山上快速行走的雨鞋，腰上繫著布農族男人必備的彎刀，阿光是能獨立作業的布農族男人，但講話卻溫溫吐吐且具有很大的包容性。起初，為了照顧家人的健康與姊姊的一句話，阿光返回部落打拚，花幾年的時間重建馬遠部落的文化基底與故事，讓前來馬遠部落的遊客能透過他的導覽或介紹，對這個遠在花蓮萬榮鄉的小部落，有了認識，有了溫度，埋下想要再回來的契機。

大家對布農族的認識，也許是八部合音、也許是杵音，也許是射耳祭或報戰功，但其實布農族一共分成六個群，有巒社群、卡社群、丹社群、郡社群、卓社群和少部分已經被同化的蘭社群，而馬遠部落是花蓮唯一的丹社群。

為何是唯一呢？原來馬遠部落為布農族的其中一個部落，起初並不在花蓮萬榮鄉生活，而是在縱谷的另外一端「南投」地區，之後被日本人強制遷移至花蓮縱谷山腳下。大多數的布農丹大群，居住在南投丹大溪周邊領域，因此命名為丹大群。18世紀左右，南投縣的

1	2
3	4

1. 返鄉青年江阿光
2. 族人吟唱著傳統歌謠
3. 部落街景一角
4. 部落內的河谷秘境

布農族開始大量遷移，部分遷移至花蓮萬榮鄉和卓溪鄉，再從花蓮遷移至台東延平鄉和海端鄉，另一部分則往南遷至中央山脈高雄的桃源鄉和那瑪夏鄉等地。

丹大溪位於南投縣信義鄉濁水溪上游與丹大溪交會，再往上游之處。若以孫海橋與丹大吊橋遺構至馬遠國小的直線距離計算，約略有 43.01 公里，但實際上走蜿蜒的山路，距離絕對不僅於此。為什麼丹大群當初要被迫遷移至中央山脈以東，歷史到底發生了什麼事？站在馬遠社區活動中心內，我們聽著阿光訴說那些曾經。

在日據時代的理蕃政策下，1914 年時，布農族對日本人的駐在所、腦寮和分遣所進行出草與襲擊，並在 1916 年爆發丹大事件。起初，緣起 1914 年左右，在花蓮港廳和台東廳為了防範布農族，在兩廳的民蕃交界處設置鐵絲網並且通電，完整地採取封鎖制度。在南投山區的布農族只能往集集支廳管轄內的丹大社進行物資交換，在這樣生活不易且日本人長期壓制下，便進行反抗。後來不僅有丹大事件的發生，1914 的大分事件、1932 的大關山事件，都造就日據時代政府進行「團體移住」政策，迫使布農族人遷移至現今的部落。

日據時代的故事已成歷史，但依舊讓這群馬遠部落的族人，興起想回家的念頭。

「我們有一些親戚現在還住在南投那邊，每次回家探望，都要翻過半個台灣才能見到。」阿光淡淡地說道。

「這些遷移的故事，我都是聽阿公說的。但阿公那時候還很小也不懂事，跟著族人用徒步的方式從南投走到花蓮縱谷這邊，最少也要7天甚至10天的時間。」

「印象最深刻的一段，就是阿公說好累，晚上都不能睡覺或是只有一點點休息時間，也不知道走了多久……那時候沒有手機或任何聯繫方式，山裡的蟲鳴鳥叫聽起來很可怕，只能透過白天、黑夜來數度過多少個夜晚。」

「只能默默牽著媽媽的手一直走、一直走，日本人會在後面拿著槍逼你。」

「聽到有馬車輪子滾動的聲音，才知道到了，我們離開了山裡。」

「我不懂為什麼要離開家，不能住了嗎？」

阿光剛回到馬遠部落時，就想要找回部落裡的故事。透過訪問許多耆老，才拼拼湊湊出這些當初遷移的點滴。但太多細節，已流失在時間的洪流，早已

部落裡的百年大榕樹為早期集會所

記不得或不太願意回想了。

所以，阿光與族人在 2018 年開啟了一個「返家之路」活動，從馬遠部落用走路的方式回到南投找尋家人，足足走了10天左右。阿光訴說時，眼睛綻放出驕傲的光芒。

「我只想要了解當初阿公是怎樣走過來的，他們可以，那我們也可以。」阿光說。

「若不是馬遠部落的人，想要參加這樣的返家之旅，是可以的嗎？」我問。

「可以啊，我們上次又走了一次，還帶著馬遠國小的小朋友們一起。小朋友們走得比我們大人還快呢，體力好像用不完的感覺。」阿光說。

在阿光眼中，徒步回家找尋祖先的路，也許要花費很多時間，也許在走的路途中會遇到很多困難，但依舊不影響馬遠部落的族人走尋回家的路。走過一趟才能懂耆老口中說的艱辛與辛苦，走過一趟，才好像自己是會懂得尋根的布農族人。布農族自稱 Bunun，指的是「人」，懂得尋根回家，才是人。

感恩祭（Mgay Bari）—每年最大盛典

有別於較廣為人知的阿美族豐年祭，太魯閣族的感恩祭（Mgay Bari）是每年的10月15日小米收割之後，族人進行感恩祭來感謝祖靈一年的庇佑，也祈求明年能有五畜興旺、五穀豐收之涵義。不過，每一年所舉辦的時間，都是由部落長老來共同決定。

對太魯閣族人來說，一年一度的感恩祭是重要日子，每次舉辦的地點也會不同。今年的感恩祭在萬榮鄉消防局萬榮分隊前大草地舉辦，我一方面戰戰兢兢自己以外人身分第一次參加感恩祭，但一方面也想要單純地紀錄太魯閣族人感謝祖靈的重要日子。

踏入會場，每位族人都穿上了自己的太魯閣族服裝，以表示這天的重要性。雖然是在萬榮鄉舉辦，但也邀請附近吉安鄉、新城鄉、卓溪鄉和秀林鄉的同伴一起參加。當天雖以感恩祭名義進行，但活動中也包括傳統技藝競賽。若以外人的視角來看，像極了重要祭典再搭配園遊會、運動會的集合感。距離主

感恩祭的大會舞

會場不遠處，一旁進行著角力和射箭等各種競賽活動，另一邊則聚集有各種攤販，像極了白天版的小夜市，說是園遊會感覺也不為過。

祭典儀式開始，每一社各推派一位男子參與，並在天尚未亮時，由主祭者帶領族人先來到活動現場，透過族語邀請祖靈下來。各家族族人念誦祭文，共同祭祀之後，才能各別祭拜各自的祖先。在感恩祭正式前，獻上一頭豬給祖靈當作獻祭供品，感恩祖靈保佑和庇護，獻祭的豬，則會分給在座的每一個部落。各家長老齊聚一處，準備祈福儀式，也揭開了一年一度感恩祭序曲。

大家跳著各種太魯閣族舞蹈，令人目不暇給。勇士踏著使出長矛與彎刀的舞步，女孩們則是採集與織布動作；象徵太魯閣族花紋的布樣在空中飄揚，飄出一道彩虹橋意象。小孩們頭蓋彩虹之布，意謂著要通過彩虹橋才能見到祖靈，現今也成為了一種活動的儀式橋段。對太魯閣族來說，女孩會織布，男孩會打獵，就成為成年的象徵，紋面的表示意涵，從簡單的動作也能馬上窺探一二。舞蹈段落結束後的熱烈拍手聲，則代表著太魯閣族對祖靈維持一致不變的心意。

起初，我擔心著以外人身分亂入太

1	2
3	4

1. 祭祀用的黑豬
2. 感恩祭的祭祀儀式
3. 田螺和田貝
4. 小朋友表演部落舞蹈

魯閣族感恩祭，是否會不受歡迎或顯得格格不入，但光是開場的表演與各種舞蹈就無暇多想，拿著相機到處穿梭村落裡，只為尋找最好的觀看角度。一旁的太魯閣族人見到我，熱心地講解他們舞蹈動作與文化意涵，雖然我聽得似懂非懂，但被接納的感覺，真好。

開幕儀式結束，會場瞬間成了一天限定的園遊會與運動會，讓我分身乏術，全部都想要看，全部都想要逛。最後更禁不起美食的誘惑，先選擇填飽肚子再說。逛過太多台灣老街或在地鄉鎮，沒有一個會比太魯閣族感恩祭更有趣的了。簡單的原住民風串燒、豪邁的肉香飄在空氣中；到處都有的小米酒，香噴噴雞蛋糕、雞蛋仔已不稀奇，一處攤位前發現的「貌似燒酒螺」食物，更是吸引我的目光。

「來啦，我這個是田螺和田貝，只有這邊限定才吃得到，台灣西半部沒有喔。」老闆見到我站在攤位前許久，緊盯並疑惑著眼前的貝類，給了我這樣簡單明瞭的解答。

吃的不少，玩樂也不能缺。從夜市常見的打彈珠、套圈圈等基本款，我又見識到一攤「釣土虱」，廣受在地人喜愛。許多人拿著竹條死命想要釣一條土虱回家料理，土虱抵死不從在水下瘋狂

1. 女孩們表演彩虹橋
2. 男生們表演勇士舞

1

2

1. 太魯閣族舞蹈

2. 紋面意象代表成年

拍打尾巴，濺起不少水花。但越濺越燃起大家的鬥志，反而隔壁普通款的撈金魚攤卻乏人問津。這讓我真的太震驚了，釣土虱是可以這樣玩的嗎？

吃飽喝足後，把注意力放回會場中央的各種趣味競賽中。在村落對抗的比賽中，不分男女，全都拚了命地鋸竹子、鋸木頭、搬一袋地瓜折返跑，此起彼落的呼喊聲，激昂地等待著前一位隊友返回。這些「體育競賽項目」在都市真的少見，在這邊卻是再正常不過的事。

會場瞬間一片安靜，只有鋸子在木頭上來回拉扯的聲音，木屑飄落在草地。

「哎呀，看來這次的木頭好像有點硬。」

「是厚，我記得去年用別種木頭，但大家都說有點太簡單，今年還特地換了質地較硬的木頭呢！」

台上一搭一唱的大會主持人妙語如珠，反應靈敏不說，自成一格的口吻和台詞，將會場各種活動氣氛持續炒熱，根本就是被部落主持耽誤的幽默相聲人才啊。

運動賽事主場也沒閒過，從射箭比到角力，雙方的賣力動作與努力汗水，還有圍觀人群不斷喊出的加油聲，

來真的切木頭趣味競賽

彷彿整個花蓮萬榮鄉的族人都在為場上的人加油。台上大人比賽，台下的小朋友也有模有樣的相互比試，一項角力運動讓全場的人都為之瘋狂。射箭比賽也不遑多讓，射出一道道筆直或拋物線直中箭靶紅心。我總覺得箭靶的距離很遠，但對比賽的選手來說，卻是輕易可達的距離。比的是沉穩的心，屏住呼吸，差異只有一點點，卻影響到後續的比賽分數，就連一旁觀眾也感受到那緊張的氣息。

祭典結束最後，以跳大會舞做為收尾，而每年的主題曲和舞蹈動作都會不同。住在花蓮紅葉村的阿弟說：

「大會舞很簡單啦，簡單到老人小孩大家都會。」說完就在我面前，拉著村裡的長輩與小朋友現場來一段。等等……這節奏、這歌曲，原民朋友渾然天成地律動，動作明明很複雜卻真的老小都會跳，但我怎麼很像在做老人復健般不協調?!

大會舞音樂一下，所有族人不分你我、不分年紀、不分男女，直接跳出最燦爛的笑容。女孩們純白裙子隨風搖擺，服飾上的幾何圖形與菱形織紋代表著「眼睛」，男生身上的方衣為織成條形的布；大家踩踏著強而有力的舞蹈力度，圍成一個又一個圈圈，拓展至整個會場的草地，形成不同大小的同心圓。那一刻，只有感謝祖靈的齊同一心，伴隨著大會主題曲的勁歌熱舞，感恩上天，感恩祖靈。

萬榮鄉

支亞干 — 最自然的食材，做傳統保留的芋頭點心

從狹窄的河道上游，至下游變成寬敞河道，宛如被打開的樹洞般，有著開闊、有著美麗、有種靜謐的部落，那是支亞干（Ciyakang）。從林榮新光火車站開車至支亞干部落，不過5分鐘的路途。有別於新光兆豐農場的可愛與甜蜜，距離支亞干部落最近的花蓮住宿「丘丘森旅」溫柔恬靜，漫步在支亞干的街道，有一種熟悉又陌生的感覺。

國民政府來台後，大家口中的支亞干已經轉變成西林村，那被遺忘的名字隱藏在恰勘溪和清昌溪匯聚而成的壽豐溪裡。從木瓜溪的 Qowtux Pais 部落遷徙，頭目 Kalaw Watan 為此命名成「打開的樹洞」（Rangah Qhuni），成為支亞干溪。想要見見打開樹洞的模樣，我只能從支亞干部落裡的道路、房屋與族人的互動，思考著到底是怎樣的寬度能讓人眼睛一亮，而且遼闊且寬廣。是不是要上到山裡去，是不是要追回到太魯閣戰爭時，是不是要在太魯閣族人遷移之前，從山上的角度面對遠方的大海，

支亞干部落街道一景

部落內具有特色的小店

阿改玩生活

花蓮縣萬榮鄉

03-8772862

www.facebook.com/Akay.playlife

才能與 Kalaw Watan 擁有一樣的視角，看著底下被打開的樹洞。

初次抵達支亞干部落，是踏入洪瓤藝坊的玩陶之旅，在充斥著部落藝術文化風格的陶藝聖堂，捏陶、玩陶，然後把作品變成自己都認不得的模樣。門口外的五花肉，是柴火劈哩啪啦造出來的香氣，與香腸一起油滋滋地在人們口中迸出各自的存在感。一早現釣的魚搭配大塊軟嫩豆腐，轉化成暖心十足的魚湯；紫米與地瓜烹煮出迷人甜香，打開木桶迎面撲來米飯的香氣；任意撒上蔬菜塊準備入窯的比薩，讓人難以割捨的一塊又一塊遞進嘴裡，自己種植的新鮮蔬菜成為最稱職的配角。

第二次抵達支亞干部落，是跟著土生土長返家的支亞干在地青年「阿改玩生活」一同探索。創辦人之一的程廷（Apyang Imiq）戴著粗框眼鏡，用慢條斯理且溫柔的口氣，介紹這塊從小出生長大的部落。

那是太魯閣戰爭開始的年代，從1914 年說起。

日據時代，日本人為了掌控太魯閣族，將原本居住在山區的族人進行遷移至平地或淺山，現今的支亞干也是其中預定遷移地之一。從耆老口中得知，日本人並無特地限制他們該往何處，只提

1. 創意無限，陶藝作品提倡戒菸
2. 部落內的希望，看心情開的柑仔店
3. 部落風格廚房一角

供幾處居住地給部落族人做選擇，但，這真的是選擇嗎？是否只能留在山區的部落裡，離開，我們就沒有選擇了。

這是一場大型的遷徙。

走在部落的街道上，睜大眼睛觀察四周，能見到有著「菱形」花紋的圖案，那是祖靈的眼睛，帶領著族人並給予保佑之意。容納山上的許多部落族人來自各種不同部落，包容接納的支亞干部落，街道方方正正，筆直的大馬路鮮少有車子經過。走在馬路旁散步，分辨其鄰里界線的是一旁小溪流或河川，這樣自然的劃線方式顯得有趣且俏皮。在部落漫步是很悠閒的事情，一邊享受大自然的美景，一邊能仔細觀察周圍建築，路過的人們也能藉此有了打招呼的連結。

走過清水橋，跨過清水溪，「耕吧園區」就在前面。我們在此學習一同生火、一同烤肉、一起採集部落的食材，同心協力一起「動手餐桌」。採集香蕉葉用刀割下進行簡單沖洗，將桌上的芋頭外皮削除，並利用刨絲器來磨芋頭（Smgus Sari），再加入葛鬱金，想吃點甜的人可以加入黑糖但非強迫。將芋頭泥包葉蒸煮之後，就形成太魯閣族節慶食物才會出現的芋頭糕（hlama sari）。

1 | 2 / 3

1. 學習烤山豬肉
2. 將芋頭磨成泥
3. 準備汆燙包覆 hlama sari 的香蕉葉

隨著柴火劈哩啪啦地響，鐵絲網上的五花肉外表烤得酥脆，油脂忍不住緩緩滴下，烈火瞬間燃燒得更旺。蹲著與蒸籠同高，只為了等待不知道哪時候可以出爐的 hlama sari，即便聞著冒出來的白煙，也覺得帶有淡淡的葉子香氣。像極了忙碌的媽媽在廚房料理晚餐時，一旁的小孩不約而同在廚房門口踱步，等著食物上桌的模樣。一旁採集回來的各種野菜，則被製成許多限定版沙拉。

好不容易，hlama sari 蒸一個半小時左右終於完成。打開蒸籠的瞬間，迎面撲鼻而來芋頭香氣與香蕉葉香，那是一種迷人的太魯閣族混搭風，是芋頭糕被融合在香蕉葉裡的創意香氣。

小心翼翼生怕燙著，仔細地，將香蕉葉折疊的方式依序打開。不像漢人傳統的粽子那樣般立體，hlama sari 反而是方方正正地，扁扁卻可愛。一口咬下，那軟糯且Q彈的口感，與漢人對芋頭糕的概念完全被推翻。「怎麼可以這麼好吃?!」彈牙口感中帶著綿密，兩種口感在味蕾上不斷衝擊。

hlama sari 這道太魯閣族美食，完全擄獲在場每一個人的心。我想念著太魯閣族，還有那不能忘的芋頭糕。

1. 蒸熟的 hlama sari 冷卻中
2. 綿密的 hlama sari 芋頭糕

吃百合——為什麼，要堅持有機呢？

吃飯，是再平常不過的事。餐桌上的食材可料理出千變萬化的可能，一日三餐老是在外，偶爾也會想念下廚的日子。農業從以前至現代都是台灣主要的產業之一，花蓮壽豐鄉更是全台灣有機農業最密集之處。這次出發前往探訪花蓮農場和在地人的生活日常，除了有小雨蛙民宿主人陳威良，還有江玉寶打下的百合江山。

壽豐，花蓮縣內筆畫最長，也是唯一橫跨海岸山脈與花東縱谷的城鎮。騎著腳踏車悠悠晃晃地在格狀農田旁道路上，微風吹來，一旁的樹葉隨風搖曳，依稀記得那天的天氣，是這樣的晴朗。

初次見到江玉寶，在田裡聽他介紹著他栽種的百合。在此之前，我甚至不知道百合是可以食用的，腦袋裡只有香水百合、鐵炮百合之類的觀賞性花卉，尚未涉入可食用的百合新世界。

如同許多農夫一樣，無論是回家接手自家田地，或是因為夢想或勇氣，進而踏上承租田地，播下種子奏起美妙的

有機小農江玉寶

百合鱗莖

江玉寶生態農場

花蓮縣壽豐鄉四維路 49 號

0953-224856

www.facebook.com/JiangYuBao

交響曲，江玉寶起初從爸爸手中接下現在的農場，採用台灣傳統的慣行農法，年年有穩定的收入與收成，也不用愁農場耕種出的作物價格，生活過得安穩。不過，漸漸地年輕小農發現用慣行農法耕作的田地，都是消耗土地的能量來換取大量作物，最後土地不再豐盈，只有愈發貧瘠。

從慣行農法轉型到友善農業、有機農業的路程，相當漫長，且充滿了許多不穩定性。除了必須花費更多力氣養好手上的地，耕作之後也要給予土地休息時間，並需要更多心力以無農藥法來除草，這樣的施行方式，讓收入變成原本的十分之一。然而，我依舊可以從他臉上看到如同漫畫男主角懷著遠大夢想的光芒，無論外面世界如何變化，他依舊堅定內心督促著自己前進。

「這樣執行下來好幾年都有可能，收入會好嗎？」

「收入一定不會好，但再繼續下去也不是辦法，土地總有一天會種不出作物，這是遲早的事情。」

「你不會擔心這段時間收入降低或者甚至沒收入嗎？」這個殘酷事實真的令人憂心。

「有機農業是未來的趨勢，也是需要前進的目標。不管這段過渡期是否有

一步一腳印栽種的食用百合

收入或者沒辦法恢復以前的狀態，但這都是必經之路。」

江玉寶和其他農夫給人的既定印象無異，頭戴斗笠，天天曬太陽的皮膚顯得黝黑。不同的是，談吐間他滔滔不絕地分享著自己所知道的知識，沉穩的笑容中也透露出內心強大的自信與謙虛。

是啊，我們都知道走有機農作是件不容易的事，但又有誰能拋下世俗枷鎖，毫無懸念地走上對自然友善的道路？腦海思緒還想著這無解的問題，心卻被端上桌的大鍋百合綠豆湯給吸引。盛裝一勺裝入容器，清甜的綠豆與煮到綿密的百合竟如此契合，搭配上山苦瓜茶，在炎炎夏日來一碗真的是清爽可口又消暑。

這是我第一次吃百合，以為燉煮的軟綿綿口感，就是百合全部的樣貌。江玉寶見到我對百合口感嘖嘖稱奇，便從冷凍庫拿出一盒新鮮百合讓我直接生吃。生吃的百合有著如水梨般的脆甜口感，同時又帶著山藥的清甜香氣，而我們吃的部位，是百合的球莖。

百合燉綠豆讓人一碗接著一碗，越吃越喜歡那份清甜，也對百合種植多了點好奇。天空飄著毛毛細雨，跟著江玉寶來到後方田地，其被一望無際的群山環繞，一株株植莖直挺挺地凸出地表，

百合綠豆湯

上頭覆蓋著一長串塑膠袋，以防止雜草增生。用這樣簡單又能減緩雜草生長的方式，令人讚嘆，但也讓田埂內的雜草肆意蔓長，踏起來的厚度宛如地毯。

這些挺直的食用百合最早從荷蘭進口，後來也從其他國家引進，但價格並不親民，光是日本的非有機百合，就要價一斤1200台幣。江玉寶十多年前到日本學習新技術時，在某個契機下接觸食用百合，剛好身邊親戚有氣喘方面的困擾，便以此對肺部提供了健康幫助。明明知道食用百合對人體好，那為什麼不藉由有機耕種的方式，讓大家都可以用實惠的價格買到呢？

聽起來很遠大的夢想，卻讓江玉寶實際上走了好多、好多年。

這批從荷蘭、日本進口的百合，一開始其實不太適應台灣多雨炎熱、濕度高的天氣。不像荷蘭氣候較為乾冷，光是將這批百合培育成能在台灣生長的體質，並選用砂土和鬆土混合搭配成養育土質，再依照不同節慶時間，將第一批於10月種植完畢，第一年種植的百合再進行採收，放置於冰箱或其他冷藏設備進行低溫儲藏；適當時間之後，依照同樣的馴化方式，前前後後持續了四年，才有辦法進行採收。

難以想像四年的時光，才是真正採

收的時間點；也無法想像在找尋到此方式之前，到底花了多少心血與心力照顧有機百合。一次次的失敗，一次次的成功，不禁讓我捫心自問，若是一樣的狀態，我會堅持到底嗎？或者做到一半，甚至更早之前就想要放棄了呢？到底是怎樣的堅定意志力，讓失敗成為常態之時，還可以繼續努力不懈？

這樣年復一年耕耘的食用百合鱗莖，其價值取自於體積大小。江玉寶完全就是個擅長解決問題，又喜歡不斷嘗試的在地小農。農場旁還設置了「愛心商店」，提供一年四季不同的蔬菜瓜果，給有需要的客人自己投錢購買，真正做到發自內心的良心商店。在心中默默期望著，這片花蓮壽豐的友善土地，能慢慢傳承，耕耘出自己的一片天。

找蛙、找呱——夜晚的奏鳴曲

有別於服務周到且設備齊全的飯店，深入在地不同特色的民宿，成為旅行在地的顯學。從網路上找尋各種特色民宿，已經是旅行前必做的事項之一。打開網頁瀏覽器閱覽不同分頁的裝潢，幻想著自己入住時能感受到放鬆與療癒，和每位不同個性的民宿主人互動也能擦出不一樣的火花，帶給這趟旅途難忘的感受回憶。

花蓮壽豐鄉的有機農業比率極高，許多民宿也有提供特別的私房旅行體驗計畫。距離豐田火車站不遠處的小雨蛙民宿，是我入住過幾次、感受到民宿主人陳威良一家人親切招待的在地旅宿。你可以租借腳踏車穿梭在壽豐的格狀道路，欣賞四周稻田與農作物風光，滿足青春洋溢的電影畫面想像；晚餐可以向主人訂席家庭道地菜色，也可以選擇外出找尋自己喜愛的晚餐，任君挑選。

小雨蛙民宿的中庭池塘種滿睡蓮，每天清晨都能踏出房間外，欣賞蓮花綻放的芬芳與清香。房間桌上放置有一小

盛開的睡蓮

小雨蛙民宿

小雨蛙有機生態農場

花蓮縣壽豐鄉魚塘路 36 號

03-8653808

www.daai.com.tw

包無毒栽種蓮花茶，供前來入住的房客享用。倒出一杯熱水，馬克杯裡的蓮花就此綻放，無論是視覺或香氣都是一等一的體驗。

在餐桌上，與陳威良一家溫馨交流、話家常。櫃子與牆壁上可見張貼許多關於陳威良的報導和小雨蛙民宿的各種情報，「肝臟移植」、「蓮花系列」、「十大青年」等多種字樣出現在報導裡，述說陳威良的背景與出身。他是曾經接受過肝臟移植的重症病人，卻如此幸運能等到適合的肝臟，並對生命抱持熱忱態度奮鬥至今。我無法想像，那一段日子到底有多難熬，是不是對生命都沒有期望才是正常的狀態？那到底什麼又叫做「正常」呢？

熬了一日又一日，可能等不到適合自己肝臟的那一天；永無止盡地看著月曆過日子，如同電視劇裡躺在病床上的人們，是否還能抱著對明天的希望或赦免？但從這樣的生活中熬過來，陳威良對生命的態度有了180度的大轉變，對生命更有了不同於其他人的認知，開始對有機栽培投入必須做的事。

站在東台灣的農地上，即便身上有著「十大傑出青年」的頭銜，但深感台灣的種植面積過小，若要在此發揮所長或是獲得什麼，確實是件很不容易的

疑似日本樹蛙或太田樹蛙

事。因此，陳威良開始開拓不一樣的道路，將原本的魚池改造成睡蓮池，建造現在的小雨蛙民宿，將農業轉型發展成休閒農業。

「為什麼會叫小雨蛙民宿？」

「因為旁邊很多青蛙……包括小雨蛙，所以就取了這個名字。」

「有很多嗎？好想看看小雨蛙本人的樣子。」

「走啊，吃完晚餐我們到後面探險，夜探看看會遇到什麼？」

準備頭燈，陳威良腳踏雨鞋，我則拿著相機準備拍攝，期待誰會在我們的夜探出現。距離小雨蛙民宿不遠處，是樹湖溪流經的範圍。環境好、生態佳，這裡的水流富養許多在地生物，尤其有青蛙的地方，有較高機率同時看到蛇……在漆黑一片，連月亮都沒出現的夜晚，能見到蛇讓我越想越激動興奮。

不過，夜探想有收穫，除了有在地人帶路之外也要熟悉環境，才能依照該季節或當日天氣，來判定較有可能出現的生物和所在地。手電筒照著一旁小溪，水溝裡夾雜著樹葉，加上生物本身有很好的保護色，讓找尋小生物困難度提高了不少。必須眼明手快，超級漫步走在水溝旁的道路上，才能從裡頭看出一點端倪。

拉都希氏赤蛙

能找到一隻或數隻青蛙，都讓人興奮地忍不住想大叫。斯文豪氏赤蛙、拉都希氏赤蛙、澤蛙等各種蛙類，都不約而同出現在小溪流中。台灣一年四季能發現的蛙類很多，牠們都有各自喜歡待的領域和季節，像是喜歡秋冬涼爽時出現的拉都希氏赤蛙和莫氏樹蛙，喜歡春夏兩季的小雨蛙和澤蛙，也有些像日本樹蛙一樣，不分季節與溫度，都活躍得很。各種蛙鳴齊放，但我還沒有那個功力，能從蛙鳴中聽見什麼。

除了豐富的青蛙物種，一旁的各樣生物也吸引了我的注意力。像是樹枝上的蜘蛛絲透過手電筒照光之後閃閃發亮，仔細觀察……蜘蛛正穩穩地在中間休憩？睡覺？等待著食物來臨？斯文豪氏攀蜥在樹枝上穿梭，被手電筒照射之後卻一動也不動……若仔細觀察並留心所走的道路，你還能發現更多。

樹枝上是整個食物鏈的演化，但花蓮在地故事依舊持續。今夜雖沒見到小雨蛙本人，卻吸引著我期待下次與牠再相見。

斑腿樹蛙

豐濱鄉

鄉村柑仔店——不被約束的地點

早已習慣固定到某個品牌的便利商店，早餐、中餐、晚餐、下午茶，就連日常生活大小事都可以在這裡解決。當踏入店內，熟悉的叮咚聲響起，開始固定軌跡的路線巡禮；自然而然地走向冷藏櫃或開放式冰箱，或者拿取熱騰騰剛滷好的茶葉蛋，再拿著隨行杯不拖泥帶水地向櫃台說著老台詞：「大熱拿。」

這樣的生活行之有年，不太需要用腦袋思考，已經固化的消費行為模式早已深刻成自身DNA內，以適應在台北的快節奏生活方式。台北車站內的捷運音響起，魚貫而出的人們進行著上班、下班的儀式，日復一日，年復一年。窒礙難行時，雖想打破框架規律，卻彷彿有一堵高聳大牆，難以突破。

離開台北，離開自己熟悉的鄉鎮，也想要暫時逃離連鎖便利商店的規律生活，躲進花東的田地、山谷或海洋裡。拿著相機走進不同的視角，默默記錄每一分每一秒的日常，成了我的習慣。無論是部落或鄉村，總是會有吸引著當下

寶山商號門口

寶山商號店內一角

寶山雜貨店

花蓮縣豐濱鄉教會

時刻的我所喜愛的理念、角度或衝擊。

隱藏在各鄉鎮的菜市場，或樸實無華的雜貨店，是旅程探險的開始。無法用過往的生活習慣對著店員說出「大熱拿」，甚至，有可能抵達該柑仔店門口，換來的卻是老闆因今日心情沒開店的鐵門。在這裡，沒有固定的營業時間，雖然……嗯……表定上是有，但柑仔店門口總是掛上一千零一個理由，開或不開，都成了薛丁格的貓。

隨老闆心情開門的柑仔店，商品擺設與層架分類也像是愛麗絲夢遊仙境般，無序、驚奇也令人讚嘆。店面空間多數不大，有些是透天建築將一樓空間騰出來做為商店，有些甚至是隱藏在廟宇附近的某個小角落。不同地區的柑仔店販售商品也不同，各種生活用品、糖果餅乾是基礎款，依據不同部落或村莊生活型態，裡頭還會有讓人意想不到的商品。

我曾看過柑仔店門口販賣小雞小鴨，那毛茸茸如同球狀超可愛的模樣，起初還以為是商家把這些家禽當成寵物在養。沒想到一問之下才知道是飼養來販售，在必要日子或時刻，將其進行宰殺食用。原來……並不是我想像中的那樣美好。

有些店家則是會在牆上刻畫許多姓

南竹湖部落柑仔店門口，飼養著雞鴨當作商品等著販賣

名與記號，像是誰買了多少金額尚未付款，這裡成為社區或部落內的賒帳和其他各種記事，符號和姓名則衍生出一種在地的生存方式。拿了東西就走，金額下個月再付，柑仔店也成為了比里民活動中心還要人氣的交流形式。

冰箱裡除了常見的汽水、果汁和酒類，酒類品項更是令人眼花撩亂，也能看出柑仔店老闆的選品概念與在地人的需求。台啤、米酒、18天等，都是冰箱裡的常見角色，其他林林總總寫出來的落落長品項，也展現了在地人的口味與特色化需求。

在柑仔店裡挖寶，給了喜愛冒險的我極大滿足感。沒有規律、沒有章法、沒有固定，一切的一切都按照在地居民的需求排列著。狹小昏暗的走道上，兩旁的貨架商品隨興放置，與連鎖五金百貨截然不同，當面對龐大商品無從找起時，最快的方式就是直接問老闆，但卻也失去了探險的樂趣。柑仔店內的商品大多不是台北都市常見，甚至還有許多懷舊零食，像是紅通通的薄片大豬公、可樂口味軟糖、倒進嘴裡就會跳的跳跳糖，販賣的盡是令人懷念的印象。

購買零食和其他生活用品後，從皮包拿出現金給老闆結帳的那一刻，在柑仔內的逛買才瞬間有了儀式感。習慣行動支付的我，手機這時候只成了計算總價的工具，沒有載具，只有純紙本的發票索取。

從鄉村到都市，從都市到鄉村，柑仔店的存在是強烈而有趣的故事，也是日常的生活投射。

豐濱鄉

海邊討生活——看海、聽海，你以為的海

花東的大海，明明都是同一片名為「太平洋」的海洋，但石梯坪前的那片，卻特別地閃亮。已經忘了是哪一年的環島旅程，伴隨著炎熱夏季，出了台北後的溫度像是身處不同時空，太陽總是在天空高高掛著，散發出它的炙熱，它的青春。

穿著夾腳拖，踏在沙灘上追逐迎面而來的浪花，是再青春不過的事，但我依舊還是沒搞懂什麼叫做青春。沙灘上的細沙隨著腳踏而深陷，感受著沙粒滾動的觸感與熱氣，踩一腳、陷一腳，明明穿著球鞋在沙灘上就比較好走路，但為什麼還是會有人為此穿拖鞋而樂此不疲呢？我不懂青春，青春也不懂我。

石梯坪，沒有綿延不絕的青春沙灘，只有寬廣且發達的海階地形。海蝕平台、海蝕溝、海蝕崖、隆起的珊瑚礁等，壺穴景觀也十足迷人，成為許多遊客來此走走休息，或是最 chill 的露營之處。而良好的潮間帶環境，也成為觀察潮間帶生物的最佳地點。

石梯坪海岸

下鄉行動工作室

花蓮縣豐濱鄉

www.facebook.com/candyatcountry

靜浦部落

花蓮縣豐濱鄉 3 鄰 140 號

03-8781697

www.facebook.com/JingpuTaiwan

石梯坪遊憩風景區

花蓮縣豐濱鄉

03-8781452

www.eastcoast-nsa.gov.tw/zh-tw/Attractions/Detail/12

跟著「idang 依浪」、「下鄉行動工作室」的 Candy 和「靜浦部落海王子」寬明，我們踏上一個認識在地植物、認識海洋、認識大地的不尋常之旅。

都市人想要轉向在地部落城鎮生活，大多數都沒有門路，或不知道要怎樣進入此生活環境，Candy 於是和靜浦部落族人，以「idang 依浪」為海洋生活文化體驗品牌，以「海秧米」為友善土地耕種的稻米品牌，期許著讓更多人能在夏天划獨木舟，在東海岸潛水與跳海，冬天種田、滾泥巴和煮果醬。

在靜浦部落的生活，都是以里山里海為主要出發，搭配季節與節氣規律，與部落族人一同將阿美族的海洋文化與日常推廣出去，讓更多前來花東海岸線的都市朋友，能有不一樣的發現與體會。因此冬天初春時，會準備稻米耕種並以友善耕作的方式照顧海秧米；從部落日常和一年四季變化的生活，將旅行的節奏放慢，才能有更深度的旅遊體驗。

站在石梯坪的階梯逐步向下，每一步階梯都是海蝕平台的作用，歷經多少年才能成為現在的模樣。一旁還有平常不會注意到的植物，像是防風、耐鹽的林投樹。蘭嶼人會將林投綁在飛魚上進

1	2
3	4

1. 下鄉行動工作室二樓舒適的躺椅
2. 下鄉行動工作室二樓看海視角
3. 單面山
4. 海膽

行曝曬或風乾，讓我想起在蘭嶼紅頭部落裡的一家路邊早餐店，店家提供林投果汁來取代平日常見的早餐紅茶或奶茶，那口感喝起來像極了加入很多冰塊稀釋的波蜜果菜汁。淡淡的清甜香氣，搭配遠方的蘭嶼海灘，有一種放鬆的悠然享受。

歐亞板塊與菲律賓海板塊的擠壓地層活動，造就了台灣，而遼闊的東海岸海浪不斷拍打岩石，經過時間淬鍊，才形成了現在的樣貌。擠壓、抬升，周圍的植物任意生長，不只有防風的林投，還有牧草和月桃。阿美族人會食用牧草心，並用月桃編織成不同容器，在我們眼裡不起眼的植物，都可以變成家裡各種物品或生活食材。

石梯坪有著各種奇怪的地形與突起的單面山，周圍岩石和壺穴內則隱藏著潮間帶生物，可以趁著退潮時間到石梯坪來進行生態觀察。在春天多變的天氣裡，沒有夏日炎熱的太陽，卻能感受到強勁海風吹拂的鹹鹹涼意。

蹲在小水窪前，仔細找尋隱藏在裡頭的各種生物蹤跡。只是，水面折射的關係，要找到小生物不是件簡單的事情。陽隧足的腳默默在外漂流，像極了異形的爪牙；與石頭顏色接近的石鱉，要不是寬明特地指點，可能蹲在這裡直

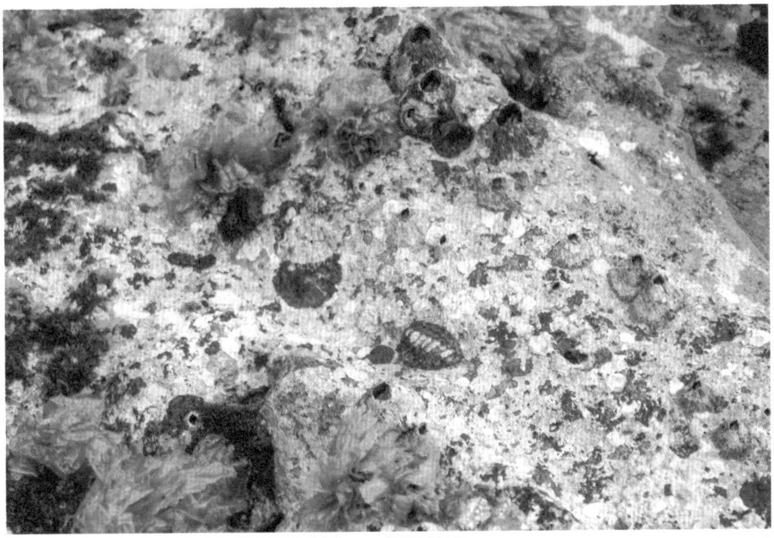

1. 石鱉

2. 巧遇海女與她的戰利品

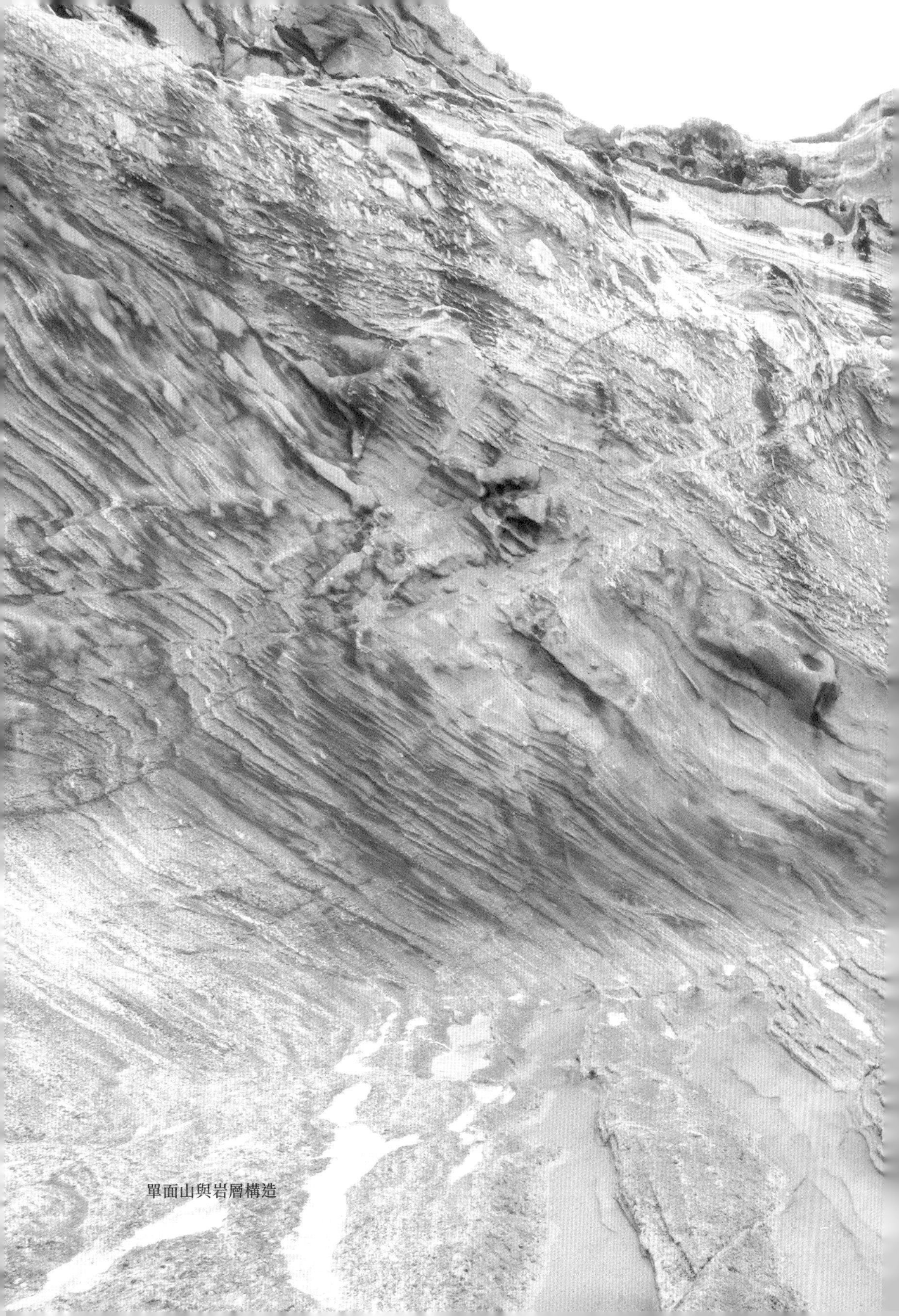

單面山與岩層構造

到腳麻都還沒發現牠的存在。小巧可愛、貝殼光滑的寶螺，是手機和相機裡的最佳主角；月光螺則靜靜躺在水裡和沿岸隙縫中，只是隨著環境的變化與溫室效應，能找到的月光螺已經是越來越小顆。

岩石上佈滿藻類，形成翠綠一片大地。踏著膠鞋，試圖爬到單面山欣賞周圍景觀。寬明的族語歌聲具有穿透力，與大海融為了一體。一旁的海浪不斷拍打岸上岩石，激起不同高低層次的浪花。在海邊潮間帶走走，是居住在靠海的阿美族人日常，宛如下班後去超市閒逛的概念。在海邊撿拾的 Ina（註1），穿著專業裝備到海邊撿拾螺類、貝類帶回家烹煮或生醃，有多少需求才會撿拾多少，將大海當成自家廚房或冰箱。這是他們生活的日常，而我們，就來體驗這些微小且單純的幸福。

※註1 Ina，阿美族語女性長輩之意。

海王子寬明與海

豐濱鄉

想回家——部落中的筆直大道

靠海的靜浦部落，在秀姑巒溪的出海口，奚卜蘭島靜靜在出海口守候。紅色鮮豔的橋體橫跨秀姑巒溪兩端，將靜浦部落與港口部落接連在一起。秀姑巒溪在花蓮是個很奇妙的分界點，以北的港口部落族人若需要採買生活用品，都會開車到花蓮市，但靜浦部落族人想要採買，則會往南開到長濱或台東市。「下鄉行動工作室」、「依浪 idang」的 Candy 在靜浦部落居住許久，跟我說著她觀察到的奇妙現象。但我百思不透，明明就是隔著一條秀姑巒溪，怎麼會有如此大的差異？

來過靜浦部落幾次，但還是第一次向靜浦社區發展協會預約在地部落導覽與相關活動行程。之前都是一個人從花蓮特地搭公車到靜浦，隨處晃晃走走，等待一早的東海岸日出，四處與人聊天，然後待上幾天再默默回家的流浪行程。沒有特定的行程規範，自己走走探險也是一條不同的道路。不過，主要引起我對靜浦部落的興趣，一則是大家口

長虹橋

靜浦部落的標誌

靜浦部落

花蓮縣豐濱鄉 3 鄰 140 號

03-8781697

www.facebook.com/JingpuTaiwan

中說的東海岸日出非常美，二則是靜浦歷史所發生的「大港口事件」（Ce'po戰役）。

可能來的時間都不太恰巧，春天的天氣千變萬化，一會大太陽，一會又飄起了綿綿細雨，一下熱，一下又迎面而來陣陣涼涼的海風。傳說中，東海岸的日出很美，但我見到的卻是滿天烏雲覆蓋的日出早晨。而後，霞光從雲朵背面綻放出各種光芒，也許是命運的安排，希望我前往靜浦走走，才得以在這天有機會見到霞光無比燦爛的模樣。

距離靜浦部落不遠處，北回歸線23.5度的地標就位於此，也是許多遊客往返台東花蓮，必定會下車拍照的打卡景點。在新建的花東海岸公路取代原本繞入靜浦的道路後，靜浦相對變得比較落寞，不會有遊客特地來此駐停走走，欣賞秀姑巒溪的出海口。

秀姑巒溪曾帶來龐大的泛舟商機，兩旁的街道充滿了各種店鋪，娛樂設施、醫院、藥局應有盡有，如今，跟著在地部落青年走在靜浦的街道上，卻格外顯得沒落。見不到過往的榮景，他們跟我一一介紹靜浦部落的歷史，以及小時候聽長輩們述說的故事。

「你是一畢業就回來部落的嗎？」

「沒有，我很早就到外地念書。畢

1

2

1. 靜浦部落的太陽廣場

2. 靜浦部落街道一角

竟部落內資源很少，大多數的人都直接去外面念書，找工作之後就很難回來了。」

「一開始在台北鶯歌做工，還是沒辦法適應台北的快節奏，最後覺得自己家環境最舒適，也想念旁邊的太平洋。」

「比起外面的世界，還是喜歡部落的緩慢生活。想說至少可以先回來，工作的事再慢慢想。」

「但你對部落的過往……熟悉嗎？」

「不太熟，因為很早就出去讀書了，回來也是花了好多時間慢慢學習族語，然後了解自己的部落以前到底發生什麼事情。現在則是希望讓更多人一起參與。」

青年眼神清澈，講話語速很慢，但每個字都有著堅定的力量。一開始不懂，於是找了好多長輩族人學習快要忘記的族語。小時候在部落長大，卻嚮往著外面的花花世界，想要趕快離開好像什麼都沒有的靜浦，某些重要節慶才會回家。

長大後才知道，這種思鄉的感覺不是不想回，而是因為太想念了。

靜浦的太陽廣場到靜浦國小區段，從前泛舟行業興盛之時，人潮眾多根本

1 / 2

1. 部落青年解說膠筏
2. 橘白為靜浦部落代表色

媲美台北忠孝東路。之後泛舟人潮漸漸變少，靜浦部落也跟著沒落了。

「帶你來看看，這邊是以前的 Ce’po 事件發生地。」

轉向靜浦國小內的道路，一旁的大港口事件路牌早已損壞在地。「這是前幾天颱風來弄壞的，還沒來得及修呢。」

平日的早晨，明明就是國小上課的時間，我們外人進得去學校裡面嗎？帶著疑惑走進校園才發現……這學校根本沒有圍牆啊！外人可以任意進出這樣對嗎？

「不會啦，很多觀光客都會自己跑來看這個 Ce’po 的大牌子，拍照完就會離開。」

對於眼前的驚訝還沒來得及消化，炎熱的天氣卻讓人實在無法待在太陽下。部落青年帶我到「大港口事件」發生地旁邊沒幾步的大涼亭內，仔細說著 Ce’po 事件。

大港口事件（Ce’po 戰役），發生地點就在靜浦國小校園內。1877 年，清朝針對原住民實施「開山撫番」政策，當時清朝官員強行開發一條從水尾（今花蓮瑞穗鄉）至港口部落的道路，引發港口和奇美部落族人強烈反抗，導致清軍始終無法獲勝。之後，清朝官員

1. 港口事件壁畫

2. 大港口事件紀念碑

吳光亮改採懷柔政策，設計「鴻門宴」邀約了部落勇士參與，趁族人酒醉無力反抗之際，將勇士們一舉射殺，發生台灣歷史上的「大港口事件」。

「他們當初用了好多大石頭堆疊城牆，比一個人還高。」

「刀子等等武器，就先藏在最上面。」

「歷史上是說沒有人逃出，但那個誰誰誰的阿公有逃出來，後來聽他講故事才知道。」

「你看，這邊底座都是石頭堆疊起來的，但上面都已經坍塌，就這樣一直保留到現在。」

在涼亭裡，我靜靜聽著部落青年說著族人以前的故事。靜浦內的道路，好筆直……筆直到站在靜浦國小的大馬路上，看往一邊是秀姑巒溪出海口，另外一邊則是高聳的山巒。但我個人偏愛寶山商號前的大馬路，往秀姑巒溪的方向前去，是通往海的筆直道路，讓人好像獲得多一些勇氣、多一些樂天知命，勇敢地往前走去。奚卜蘭島會在前面的轉角處等你，走過這道路，好像人生又可以更開闊了一些。

大港口事件發生的石頭堆

磯崎——喜歡那份一望無際的海浪

從花蓮到台東，好喜歡開車走綿延的花東海岸公路，不僅沿途可以欣賞一旁太平洋景色，還能遇到喜愛的地底，找個安全的地方停靠。嶺頂、鹽寮、水璉、芭崎……每到芭崎休息區我都會停下休息，站在高處欣賞腳下的太平洋。髮夾彎，彎彎轉轉，從兩邊的翠綠樹木，轉向一望無際的湛藍太平洋、彎彎弧度磯崎灣、大石鼻山山頭，這樣的風光景色，論誰，都會忍不住為此停留，久久不能離去。

磯崎，有著綿延不絕的3公里沙灘，並且在夏秋兩季會呈現出不一樣的色澤。夏季，閃亮亮的太陽照射在沙灘上，灘岸呈現金黃；冬季，有時東北季風吹拂，當海水漲潮之際，海底的砂石也跟著湧上，呈現出黑灰色澤的沉穩沙灘。一條海岸線，卻有兩種不同的狀態與樣貌，更令人想看看磯崎的日出，究竟有多美。

早期，阿美族人對磯崎的稱呼是「加路蘭」（Kaluluan），聽說是因為

磯崎的海灘

磯崎

花蓮縣豐濱鄉

磯崎海水浴場

花蓮縣豐濱鄉 6-1 號

03-8711235

www.eastcoast-nsa.gov.tw/zh-tw/attractions/detail/6

海浪將礫石滾動而發出的聲音。平坦的海岸成了曬鹽的最佳之處，打獵完畢之後，族人就會來此取鹽帶回家。但在此生活的並非只有阿美族人而已，撒奇萊雅族在每一年的春季3月，會在此舉行「海祭」，不僅稟告海神，也會祭拜山神，請求祖靈保佑，祈求一年的好運氣與狩獵時能滿載而歸。

烈日太陽下，即便不戲水，我也喜歡站在磯崎的沙灘邊，就這樣什麼都不做地聆聽海浪聲。能在繁忙的日子，偷得片刻寧靜，站在海邊迎著海風，聞著空氣中夾帶著海水的鹹味，是一種樸實無華的幸福。遠方捲來的海浪拍打在沙灘上，浸濕沙子，然後再退去遠方，直到下一個循環。太多種言詞，都無法描述且準確形容磯崎的美。東部海岸線如此綿長，但磯崎的海水拍打頻率，就如同一雙大手擁抱，釋放出每個人在潛意識中的壞能量。

豐濱最北邊的村落「磯崎」，不只有這綿延迷人的海灘，還擁有芭崎、磯崎、龜庵、高山等部落，不過開發卻相當晚。一旁的太平洋擁有著豐富的海洋資源，陸地上蕃薯寮地形和親不知子斷崖的阻擋，讓村內對外的聯絡道路一直都依靠人力運送。林場與海洋，葛瑪蘭族、布農族、阿美族、撒奇萊雅族等不同族群在此共享這片豐富資源，也讓在地的人文特色得以展現出不同樣貌。

能想像嗎？早在 1968 年就開通道路，卻直到 1983 年才有柏油路的出現。近期，許多青年返鄉銜接整體部落的文化，找尋山上的古道尋根，已經快消失的祭典儀式。還有更多的故事，在磯崎展開流傳與上演。

TAITUNG 台東

2
CHAPTER

龍田村 — 時速20的浪漫

位於鹿野鄉的龍田村，從卑南族人的獵場、日據時代的移民村，如今的農田與茶園風光，孕育出台東紅烏龍的甜香，騎著腳踏車慢慢遊，剛剛好。

台灣熱氣球嘉年華會，成為夏季東部的最大熱點。光雕音樂祭的震撼與音樂饗宴，熱熱鬧鬧在鹿野高台的碩大草原上展開，跳動的音符樂章，響徹每一個夏日夜晚。站上鹿野高台的瞭望台，能見到底下卑南溪谷的絕佳景色，超過180度的視野，收服每個旅人的心緒。一旁的角度，則能欣賞到台東鹿野龍田村的景致，那方方正正的棋盤小路，與夏季的台灣國際熱氣球嘉年華會喧鬧相比，顯得恬淡。

龍田村是個富有歷史與人文意涵的村落。起初，野鹿們能到處自在奔跑，讓卑南族人在此對梅花鹿狩獵，成為「鹿寮」狩獵場。直到日據時代，龍田變成日本移民村，並且有規範地開發出一條條格狀道路，當地的日式建築、日本神社、日本校長宿舍等等，至今依舊

阿度的店

阿度的店 - 鹿野龍田店

- 台東縣鹿野鄉光榮路 232 號
- 089-550706
- adobike.tw

龍田國小舊日式校長宿舍

- 台東縣鹿野鄉光榮路 240 號

保存完善。

筆直的道路，一旁的茶園風光，成為鹿野山腳下棋盤格特色的龍田村。在村裡的一角，有個招牌寫著「阿度的店」，中日文的使用帶點趣味，這是「龍田村扛霸子」阿度的腳踏車店面。初次認識阿度，是參加他獨一無二的腳踏車龍田之旅，那是一種充滿人文情感的旅行方式。雖然我都對外宣稱阿度的自行車導覽有夠荒唐與無厘頭，但卻能讓前來的每一位客人心中，有了鹿野、有了龍田、有了阿度。

俗稱「卡踏掐」的自行車，早在2002年阿度就將自行車行業帶入台東這樸實的鄉村；在見到台東關山的市場潛力後，覺得台東鹿野好像也可以嘗試看看。心中、口中掛念著的都是「賣台東」，阿度與在地部落合作開發「會唱歌的小米酒」，期許著台東的美好能讓更多人看見，並且愛上。不過，這起初的動機，居然是從921大地震後才萌生的念頭。在來到台東之前，阿度和許多人一樣，日復一日做著制式工作，早在時間的洪流中，忘記自己的夢想。

921地震當時，住在台北淡水的阿度剛結束一檔帶團旅程；天天等待客人上車、下車的日子，讓他覺得生活乏善可陳，早已麻痺無感。強烈的地震，不僅將房子震得亂七八糟、東倒西歪，也徹底打醒囚困生活中的阿度。

「多少人的性命因為地震停留在那時刻……等不到明天的日出、明天的上課、明天的上班和明天的早餐。」

如同被打醒一般，阿度覺得自己的生命不能只是再等待，等待客人上車、下車、又上車……是不是能在發生意外之前，為自己做些什麼？一股力量推進他想逃離淡水探險，想逃到一個離家很遠的地方。看看地圖……台東！心裡萌發浪漫的念頭，於是跳上火車，義無反顧地往台東前進。我好奇地問阿度：「為什麼是台東，屏東也很遠啊？」

「我想找一個沒有退路的地方。台東好像很遠很遠……是心理上，不是地理上的那種距離。」

台東很大，最後阿度在鹿野龍田村落腳。不甘心只是提供租借腳踏車的服務，跟客人單純的金錢交易，然後……就沒有然後、沒有交集，客人不會懂龍田村的好，也不會知道龍田村裡有這麼多的歷史故事。因此，仔細研究、細嚼劇本、推出感情、捏造戲劇、產出荒唐，各種無厘頭的台詞，就這樣在阿度的腳踏車導覽行程中上演。

鹿野的故事、龍田的存在，造就獨一無二「阿度風」的自然。

阿度的腳踏車、電輔車，讓平常沒在運動的人也能夠輕鬆騎腳踏車逛街。龍田的筆直大路，根本就是為腳踏車而設計的，寬敞、車少、平地、景致一等一，一旁的稻田、草地，讓旅人連欣賞農作物都覺得新奇。日據時代的甘蔗田，如今已經變成一望無際的鳳梨田，就連中正大學的校友都會覺得倍感親切。見到鹿野高台的熱氣球飛起，一旁的碩大草地是飛行傘的降落基地，另一邊則是躺在小葉欖仁隧道的懷裡。微風吹起，小葉欖仁的樹枝隨風搖曳，細小的樹葉飄散至馬路，形成最美的風景。戲劇「茶金」老K搭車經過的茶園、蘇打綠MV「日光」的拍攝地，茶香、油桐花香、翠綠的山巒與眼前綿延不絕的茶園，規律地整潔排列。紅烏龍晶瑩剔透的琥珀茶水色，從公道杯倒入小巧可愛的茶杯，伴隨著口腔韻味，不斷地憶起這趟旅程所見的美。

鹿野公學校和鹿野神社在此見證日據時代至民國的時光，踏著腳踏車，雖然時速只有20，甚至更慢，但就只有這樣最慢的腳步與頻率，才能欣賞周邊的日常美好。旅程後，回到阿度的店領取下午茶，滷到透徹的茶葉蛋與冰涼解渴紅茶，那一刻，真心喜愛夏日、喜愛秋季，喜愛著那個喜歡深度旅行的自己。

龍田國小舊日式校長宿舍

池上鄉

跟著在地—享受台東的時區

秋天收成的池上稻田，被稱為期間限定黃金稻浪，這願望一直放在我的必訪清單之內，卻每年都與池上秋收和黃金稻浪擦身而過。

世上有千千萬萬個理由與代辦事項，繁忙的日常與各種沉重壓力，像極了阻饒你前進的絆腳石，讓人像是洩了氣的氣球、倒塌在保鮮盒內的蛋糕、打卡鐘上的發皺打卡紙，疲憊不堪、慘不忍睹。這時候，就會想要離開固有環境，想要聽聽別人意見，想要見見別人眼中的日常，與不同地區的人閒聊，補充一下生活能量，好往下一個目標前進。

總聽說池上的黃金稻浪有多美，但實際上我也未見過。搶不到音樂祭有限名額票券，只能跟著 YouTube 上秋收音樂祭影片，與夏季池上田園風光、自然景色，幻想著各種池上之美。

但讓我開始愛上池上的，是小賴一家。從大坡池旁民宿自家往下探看，不同時間季節，都能見到大坡池的湖光水

池上田中，新插秧的田地

色與遠方中央山脈。對我來說，池上的美景不再只是那棵奉茶樹，而是小賴一家的熱情招待，與能盡情奔跑的優閒與舒適感。

那時的自己對池上不太熟，明明池上就已經是台東享有盛名的標準觀光城鎮，但我仍和其他遊客一樣，只對那棵金城武樹熟悉。「池上」二字就像套上了濾鏡一般，對我來說顯得特別。感覺能到達池上，就能擺脫所有束縛、枷鎖，與不愉快過往。

初次與小賴相約，抵達他們家的民宿，卻不知所措找不到大門入口。按照常理來說，民宿建築都是一棟棟的，按

玉蟾園民宿

台東縣池上鄉錦園村 162 號
0926-666230
ycybnb.com

大池豆皮店

台東縣池上鄉大埔路 39 之 2 號
089-862392
www.facebook.com/342069559205025

池上福原豆腐店

台東縣池上鄉中西三路 70 號
089-862413

1. 玉蟾園民宿的休息視角

2. 雙人房房間

照導航走，也不至於會迷路到哪去。加上自己算是有方向概念的人，現在卻站在池上的某處小徑，百思不得其解。

「應該是這裡……先開進去吧。」見到幾棟建築小房屋，嘴裡說著應該，內心卻有九成的不確定感，深怕一不小心就亂入別人民宅。

「哈囉，我是小賴。」戴著黑框眼鏡，露出燦爛笑容的民宿主人揮了揮手引起我的注意。

「你沒跑錯地方，也沒有迷路。」

「你們家的大門到底在哪裡啊？就這樣直通通闖進來，讓我有點懷疑人生或找錯路了。」

「其實有大門喔，但平常都打開不會特地關起來，到了晚上才會關上。」

「有大門?!」我疑惑著回望剛才的小路，思考著大門的設置到底有多隱密。

小賴招呼著旅途勞累的我趕快先進房間休息。室內舒適涼爽的氣溫與軟硬剛好的床，房間陳設說不上富有華麗，卻很有「池上」的質樸溫馨。木質調香氣與寧靜氛圍，若帶上幾本書，甚至可以在此窩上幾天都沒問題。

「我們家沒有鑰匙，出門時把門關上就可以。」小賴自然隨興地說。

「啊?!」這驚訝不亞於剛剛的大

1	2
3	4

1. 房間內提供自家製手工皂
2. 民宿內的鳳凰木尚未盛開
3. 民宿內的草地一角
4. 從民宿俯瞰池上市區

門。原來沒有鑰匙也可以？

「對啊，從大門進來就是我家，不會有其他人進來的，可以放心。」小賴見到我困惑的表情，馬上解釋道。

沒有鑰匙的顧忌，就像將日常沉重的枷鎖解開，是能不守傳統的規矩，彷彿重獲新生。已經等不及趁天黑之前，到池上市區走走晃晃。租著腳踏車到處亂走，像極了在遊戲中到處找尋 NPC 和解任務的勇者角色，充滿著興奮感。春季的炎日，讓人想躲進各種小店慢活，吃著酥脆臭豆腐、逛書店，看池上火車站改造後的質感模樣。

不知道是否有「池上」這塊招牌加持，就連臭豆腐都覺得外酥內嫩，一口咬下吃得到滿滿豆香。加上醃製的白蘿蔔，在炎熱的季節更顯清爽；而搭配臭豆腐一起吃的也不是大腸麵線，是冰涼涼的豆花與濃郁豆漿。傳承經營的書局，放置著國內外作家和蔣勳老師的展覽，一旁的店貓正側躺軟墊上呼呼大睡。穿梭古今中外的知識書香，已經在池上市區度過三代時光。

太陽西下，稻田內的夏日綠地也漸漸轉變成沉睡深綠。返回民宿時，等著我的已是親切溫暖晚餐。酒精膏不斷燃燒出熱騰騰火苗，大電鍋內裝滿晶瑩剔透的米飯，等待被添取。菜盤上盛滿各

池上市區和大坡池的遠眺風景

種新鮮蔬菜，葉片上的鮮嫩水滴令人食慾大增。

「我媽今天不在家就簡單吃喔，推出的是今日限定小火鍋。」小賴端著碗笑說。

「沒關係，小火鍋很好吃的。」等待沸騰的湯頭，冒出小小氣泡。

「這些米飯是我們自己家的田種出來的，是道道地地的『池上米』，盡量吃喔。」

「湯頭也是我們自己大骨熬的，除了魚餃和肉要到市場買，桌上吃的蔬菜都是自家種植，純天然。」

能在池上吃到池上米，還能無限續碗，是何等幸福。不過，胃能容納的空間有限，想要無限續碗還需要點勇氣。小火鍋湯頭終於冒出氣泡，大小不等的泡泡終於有了能釋放能量的溫度。

在餐桌上與小賴話家常，從民宿面積到如何在地生活、民宿經營等等，就連狗狗臘腸「okii」和巴吉度「阿寶」的各種糗事與神奇才藝，都是我們的話題範圍。小賴家民宿實際上是8公頃，換算坪數為24200坪，這對台北人來說已經是超出40坪的好多好多倍，難怪我怎麼都走不完，只好笑稱小賴根本就是池上田僑仔，整個後山都他們家的。

小賴也是池上第三代，從祖父母時

1 / 2

1. 媽媽牌肉燥飯

2. 寵物臘腸狗 okii 和巴吉度阿寶

期就到台東池上打拚，而且眼光獨到，落腳在池上知名景點大坡池上方一帶。站在民宿的任意角度，只要前方沒有樹擋住視野，就能直接欣賞大坡池景點。我不禁想著這8公頃土地到底要怎麼管理打掃？還有房務清潔、聯絡客人等雜事、樹木花卉種植，還養著兩隻寵物狗，唯一慶幸的……大概就是不用遛狗了吧。

小賴爸媽將長輩留下的土地，土法煉鋼自建成第一代民宿，很難想像在那個尚未有民宿概念的年代，蓋屋經營生意是怎樣的新潮想法。客人入住的房間都是獨棟小木屋，前面的草坪還可以自帶裝備滑草，而且場地大到爬上來會累。後方整片的橘子園每到冬季就會有採不完的水果。而我，在春季到訪沒什麼能採、沒能收成，有的，是欣賞盛開的櫻花、李花的自然美景。

若能住在這裡，收集到一年四季池上的風光，也算是一種人生夢想。

汆燙著蔬菜等待熟透，臘腸狗 okii 也站在椅子上，以熱切眼神盯著桌上各種菜色。不搗蛋、不急躁、不狂叫，就只是默默地等著一個希望。阿寶躲在餐桌底下睡覺，彷彿窩在主人腳邊才是最溫暖的角落時光。每家媽媽都會有拿手菜，小賴像想起什麼，喊著妹妹從廚房

李花盛開

裡端出一鍋肉燥，深怕客人餓著。

「我媽煮的肉燥，是傳說中可以一勺配三碗飯的絕招！」

食材新鮮，不用任何調味料，就能料理成完美一餐。飯後的紅豆湯，搭配從陽台隨手拔取的新鮮香草洗淨沖泡，就自製成一壺好喝且養生的花草茶。吃飽飯，坐在房間門口公共區域吹著涼爽晚風，在沒有光害的地方抬頭仰望，就能看到滿天星空。不知道夏季來臨時，能否見到更美的銀河或星光？

沖完冷水澡，聞著電視機旁自製手工皂的香氣，那是屬於池上的氣味。翻閱了書本的幾個篇章，在滿布星空的夜幕中沉沉睡去。

惦記著早晨出爐的豆包，很早便起床梳洗。啃著饅頭配民宿的清粥小菜、香軟煎蛋、醬瓜、炒高麗菜，加上令人胃口大開的媽媽牌肉燥，心中不免擔心：「等等還吃得下豆包嗎？」

「你等等想去池上哪邊逛逛？」小賴問著。

「想去吃豆包！」

「哎呀，那你要快點，每次不到中午前就賣完了。」

池上馳名的豆包，是熱騰騰煮沸的豆漿表面形成一層薄膜，用長竹筷撈起在竿子上晾乾製成。乾燥後經過油煎，

1	2
3	4

1. 大池豆皮店天天現做的豆皮和豆漿
2. 現煎豆包、豆漿和豆花
3. 4. 福原豆腐店炸臭豆腐＋豆花

油在豆包表皮烙上酥脆烙印，讓空氣中瀰漫著豆香，早早吸引絡繹前來購買的人們。

還好有聽老闆的建議趕快來排隊，因為在我之後幾組客人撲空的模樣，臉上全寫著失落表情。沉甸甸的豆包一口咬下可以吃到外表焦香和豆皮香氣，外脆內嫩的口感，搭配得恰到好處。

小賴推薦我的豆包店，是他小時候常常來市區買超大包豆漿的好所在。現在他會趁著到菜市場採買時，順道繞過來買懷念的豆漿和現煎豆包。

「我其實也不太懂，以前的小店怎麼會莫名變成大家來池上朝聖的名店。或許……這也是池上的魅力之一吧。」

把握要回家之前的時光，特意騎腳踏車到金城武樹與伯朗大道一趟。但吸引我目光的，是春季午後大地復甦的稻田秧苗。伯朗大道畫框依舊吸引許多前來拍照的人潮，即便是平日午後遊客仍舊不減。金城武樹下拍照的人們也心心念念擺出姿勢，期許能成為廣告的最佳主角。

池上大水車依然日夜不停轉動。大觀亭二樓是欣賞整個池上稻田的最佳角度，像神的視角，像鷹的俯視，大地在腳下生長。遠方入口的南迴之路早已崩坍尚未恢復，小賴說那是他們小時候玩水的祕密基地，但祕密也隨著長大之後漸漸掩蓋成為祕密之地。

依舊不變的，是池上，是台東，獨有的時區。

任何人事物抵達池上，都能感受到一種慢慢過生活的日常，不疾不徐。宛如奔馳在大地上的普悠瑪或新自強3000號，站在山頂低頭欣賞，就像是一條毛毛蟲穿梭於田地，但跑得再快，也僅是毛毛蟲的速度。

透明大車窗照應出一望無際稻田景色，馬路上的汽車被火車速度遠遠拋在後方。遠方雲朵飄渺地不動聲色停滯在山上，偶爾成為籠罩山頂的薄霧山嵐。

火車搖搖晃晃，桌上的飲料水平面也跟著搖晃。晃的是太平洋的波浪，搖的是期待下次再到池上的心情。好想念池上的緩慢、日常和豆包。

路邊曬菜脯風景

台東市

加路蘭——洗頭的地方

你也喜歡看海？喜歡看藝術品嗎？

第一次知道加路蘭這個地方，是跟著藝術節奏一起的。東海岸大地藝術季與南迴藝術季是台東獨有的氛圍，明明同樣的藝術作品，放在台東、放在台南、放在台北，就有截然不同的氣質存在。有種奔放、自然、舒適且融為一體，讓人一見到藝術品就會覺得：「啊！對，這就是台東味。」好像藝術品本應該在那裡，與草地融成一體。一旁的小牌子寫著作品名與作者名，讓觀賞者在大自然的畫布中，看見創作者的藝術概念。

走在台東台11線上，或許你曾經注意過「加路蘭」這個有點美的名字，或許也曾在奔馳的道路上撇見這美麗的海岸與大地，而我卻是心心念念著藝術季內的作品，才發現了加路蘭。論海，能欣賞它美貌的地點實在太多了；台灣是個海島，任意繞一圈都可以找到自己喜愛的海邊或角落。喜歡或欣賞哪個海灘都沒有錯，每個人自己心中都能找到獨

融入大自然的藝術作品

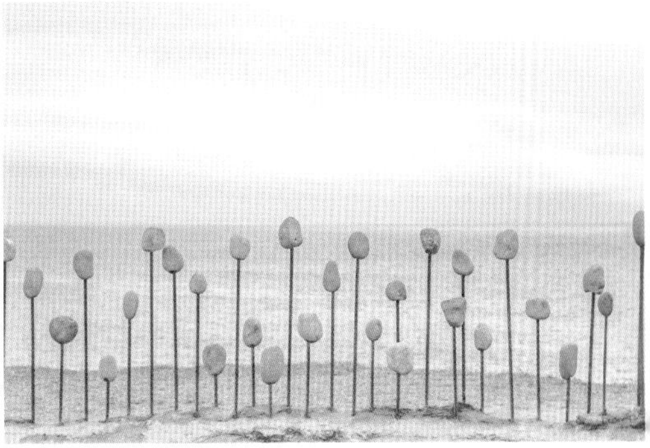

加路蘭遊憩區

- 台東縣台東市台 11 線
- 089-280313
- www.eastcoast-nsa.gov.tw/zh-tw/Attractions/Detail/28

一無二，被療癒且接納的所在。

眼前的加路蘭，是卑南溪南岸的瓦灣社分支出去的部落。加路蘭的阿美族語 kararuan 意思是「洗頭髮的地方」，其因附近的小溪流富含黏性礦物質，因此傳說在該溪流洗頭髮之後，能擁有一頭烏黑亮麗的秀髮。這種趣味說法，我不禁想像起以前的生活，大家都跑到溪流中洗頭，堪稱這裡是髮廊也不為過，瞬間覺得有一種走在時尚尖端的感覺。

起初，在聽到加路蘭命名的由來時，忍不住在內心翻了個白眼，這聽起來有點愚蠢但又有點好笑的緣由，不禁懷疑導覽員是在開玩笑，還是一本正經說幹話。「洗頭」……認真嗎？但一旁的友人聽到這原因浪漫因子竟瞬間啟動，差點要去河邊找個愛人一起來相互洗頭。

我忍不住問：「這故事到底哪裡浪漫？不就洗頭嗎？感覺有點搞笑。」

「你不覺得很浪漫嗎？在河邊小溪洗頭，洗出來的頭髮烏黑亮麗，而且洗頭完怎麼可能不洗澡？一定會上演仙女羽衣被撿走的故事。」

「那大樹旁是不是有位男子偷看仙女洗澡，順便把羽衣偷走，逼仙女當老婆，最後變成七夕才能相見的故事？」

看海的旅人

「對對對！」

「喜鵲到底給了你多少費用，讓你說這段故事浪漫？」

和朋友的這段荒唐對話，總是讓我每到加路蘭，就會想起一次。走在加路蘭海邊，就是會有一種煩惱拋開、嘴角上揚的神奇魔力。從小野柳開車過來不過4分鐘的路程，也許是加路蘭本身的悠哉，也許是東海岸各種藝術作品的加持，踏在草地上、坐在椅子上、躺在草地上，總是會有一種與世無爭的感覺。

許多旅人會坐在加路蘭海景第一排石椅上，欣賞眼前的無敵海景。而我個人最喜歡的，則是每日的下午三點至太陽下山這段看海時光。早晨的海面過於耀眼，但隨著太陽升起，眼前的太平洋波光粼粼，光斑圓點在海上形成彷彿如點點般的閃亮希望。

相較於早晨的振奮人心感，下午的緩慢時光卻是我的最愛。光線不會過於強烈，甚至會因為天氣帶來不同變化的海面：霧面的海、鏡面的海，還有海浪不斷地拍打海岸。有時，陰天的海浪甚至有一種悲憤感。而決定情緒表現的，除了海浪，還有狂風。春夏秋冬四個季節，大海都有其情緒表現，變化多端的春、平靜清透的夏、無感存在的秋、冷

加路蘭海岸的美麗浪花

洌寒冰的冬，全是海洋的多變樣貌。

不停在變化的，除了加路蘭的海面與海浪，還包括來來往往的旅人故事與藝術創作。拿出手機、相機一起拍照，留下在那個時空、那個場景、那份海洋中的氣息，和加路蘭不斷更迭的故事，一同在空中相遇。

鐵花村——音樂孕育的新生之地

不少搭乘大眾交通運輸抵達台東的旅人，不論是從火車站或機場進入，多會以台東轉運站為起點，展開四面八方其他景點的旅程。轉運站旁的「鐵花村」許多人都熟悉，白天夜晚切成不同時區，伴隨著鐵花村安排的表演節目，流洩出美妙動人的歌聲，搭配吉他pick或手指撥弦清脆聲響，吟唱出一首又一首的音樂理念與熱血沸騰。

白天與夜晚，這裡給人不同的感受。不過，第一次來鐵花村的我卻不是被音樂感動而難忘，而是一直好奇著「鐵花村」的命名到底怎麼來？這邊沒有花，只有一旁的鐵軌鐵道，那「鐵花」二字到底是怎麼湊出來的？帶著滿滿疑惑不斷追尋答案，終於從土生土長的台東朋友口中，對「鐵花村」有了其他層面的認識。

台東當時由胡傳代理直隸州知州，對應現在的職位，大概是台東縣長的概念。或許大多數人對胡傳沒有印象或記憶，但他的兒子就是課本裡讀過的〈母

東東市，買台東文創商品的好地方

鐵道藝術村

台東縣台東市鐵花路 369 號

089-357095

tour.taitung.gov.tw/zh-tw/attraction/details/315

東東市

台東縣台東市鐵花路 371 號

089-360363

www.dondonstyle.com

波浪屋

台東縣台東市新生路 105 號

089-348029

www.facebook.com/Taitungstyle

Blue House

台東縣台東市新生路 135 巷 26 號

089-360363

www.facebook.com/profile.php?id=61554937047118

親的教誨〉作者胡適，尤其「涼什麼，老子都不老子了」這句學生時代經典句，想必大家一定聽過且印象深刻。胡傳，字鐵花，當時台東舊火車站前的道路和一旁鐵花村改建自台鐵貨倉舊宿舍，同時為了紀念胡傳，將其命名為鐵花路和鐵花村。胡鐵花在任期期間，並撰寫了一本《台東州採訪冊》，為第一本官方記載台東風俗民情的資料文本。

在地紀念，在地創新。

現在的台東轉運站，曾經是舊火車站的位置。周邊文物與百年老樟樹，在政府、基金會、民間團體的協助與幫忙下，將原本逐漸沒落的鐵道周圍商圈，注入藝術工作、音樂、地方創市集，演變成充滿「台東味」的音樂聖殿。在改造初期，部分台東人甚至不看好這樣的文化發展。有「鐵花村長」名號的豐政發表示，終於有人看見台東原住民的音樂潛力與歌聲渲染力，願意全額補助這些歌手來鐵花村演出的費用、交通食宿等等，讓更多音樂人願意來台東進行演唱。

現今的鐵花村範圍，還包括一旁的各種市集，許多商家如青澤、趣台東等也紛紛進駐，打造出有三層樓高、50個貨櫃造型的「波浪屋」，進駐原住民文創店家、酒吧等等。每到夜晚，鐵花村

1. 波浪屋

2. 鐵花村內的特色郵筒

兩旁的人行道路上，高掛著由國小小朋友自行彩繪塗鴉、代表台東形象的熱氣球，創造出一個又一個的希望心願。

夜晚的各種市集，也能從中探訪各種台東特色小物。攤上販賣各式台東文創商品，像是印有「台東不遠、你才遠」的靈魂佳句帆布袋或衣服；造型可愛的滿盆多肉，也等待著欣賞者提領回家。逛市集是鐵花村的一項樂趣，現場有各種街頭表演藝人，有些表演者還會邀請路人一起點歌與互動，一同嗨翻天的歡樂氣氛，增添了鐵花村不一樣的風格。

但誰能想像，現在的鐵花村型態，一開始是從幾坪不到的草地，陽春小站台、一旁的小藍屋與貨櫃屋商店開始的。一支麥克風、一把吉他或樂器，大家隨地而坐，跟著台上歌手的靈魂演唱沉浸打節拍，共享著空氣中音符的跳動。一步一步累積能量，踏穩腳步。

隨著新聞傳來「鐵花村」即將熄燈的消息，讓不少曾來鐵花村的人感到震驚與不捨。但後來即被澄清結束的是「鐵花村音樂聚落」，那個點一杯飲料、一杯酒，與台上歌手在夜晚裡共創無限回憶的片段被封存，其他鐵道藝術村、波浪屋等則會繼續營運。

不過，鐵花村的轉型也讓我不禁思考，到底我們要用什麼形式來支持音

1. 鐵花村音樂的起點——小藍屋

2. 小藍屋的彩繪

樂？走在鐵花村裡要聽到音樂太容易了，四處都能聽見美妙的歌聲、療癒的音樂，甚至富有表演力。但我們通常是付費支持？還是只靜靜坐著、站著聽著理所當然的音樂演出？如果可以，我選擇花錢支付門票，以實際行動贊助音樂，當作自己的一份小小心意。

而接替原本音樂聚落空間、俗稱「小藍屋」的藍房子也很有故事。起初它是台鐵廢棄多年無人管理的舊倉庫，後來原住民藝術家安聖惠受到委託，以八八風災後的台東漂流木為素材，來進行空間概念改造。深藍的外牆隨著日光照射，透出屋旁樹木篩選的陽光，在牆上照映出溫暖美麗的樹葉光斑。

有別於白天稀稀落落的人潮，夜晚的鐵花村顯得熱鬧。但白天前來，更能欣賞到鐵花村質樸的美。雖然彩繪的熱氣球不會閃亮，卻能仔細觀察小朋友畫的圖案；雖然沒有音樂陪伴，卻更能靜靜地、寬敞地，感受日光、樹木與台東人的純淨。

鐵道藝術村，鐵花村旁的順遊景點

1. 小藍屋美麗的光影

小藍屋美麗的光影

延平鄉

卡那歲 — 那個老闆找不到的地方

飛快的普悠瑪，早已將心情帶往花東縱谷，期待著關山火車站下車那份香噴噴的便當香氣。專屬的台東味道，還包括了橫跨武陵橋上的繽紛與色彩。穿越過武陵綠色隧道，兩旁的木麻黃和樟樹成蔭，即便秋天色澤與天空略顯灰濛，都不影響期待到布古拉夫的心情。

彈指將吉他的五弦響起，王宏恩作詞作曲的布谷拉夫音樂迴盪在綠色隧道之中。

「Alhaipuas ludun jnak su-ia tu asag-buklavu」(它就是我的故鄉，布谷拉夫)

「Tinliskin mailan-tagus tulaini-haiban mamagan」(想到祖先的偉大，留在山林中的智慧)

武陵部落，在布農族語Buklava中，取自於taki-bukzav的諧音，指的是山腳下寬廣且平坦的原野，如同寶地一樣珍貴。陰陰的天氣，遠處山嵐如柔軟布幕傾垂。儘管秋冬天氣多變，在台東卻依然常見涼爽的日子。

踏著腳踏車在布谷拉夫悠晃，跟著

自己動手做窯烤比薩

Biung 帶著小孩前往溪谷中的道路

卡那歲工作坊

台東縣延平鄉

0929-260655

www.facebook.com/canasui

布谷拉夫彩繪屋

台東縣延平鄉明野路 100 號

武陵吊橋

台東縣延平鄉

部落帶領人 Biung 一起走進部落，歌手王宏恩的故鄉。布農族祭事曆被刻在牆上，記著族人一年中該做的大大小小傳統祭典，上面的每個符號都有獨特的意涵存在，造地、整地、開墾、播種小米、收穫小米、除草、打耳祭、豐收祭、嬰兒祭、拔稗祭儀等等，記錄小米，更記錄著布農族人重要食糧。

Biung 手指著祭事曆，從布農族人取名開始跟我分享。與其他原住民以頭目為中心的概念不同，布農族人會以「家族」為主要中心，將小孩的名字與爺爺或長輩取作同名，來表示紀念與傳承。因此，走在布農族部落裡，常會聽到相同的名字，不過，他們也會加上各種特色來做區分。像是打獵很強的 Biung、很會唱歌的 Biung，這樣就比較不容易找錯人或叫名字大家同時回頭。若真的還是無法區分，就會直接叫全名，馬上就能知道是哪一家的孩子。

「如果在部落大聲喊『很帥的 Biung』會怎麼樣？」我好奇地問。

「哇，這樣的話全村都會回頭啦！」Biung 給了我一個驕傲的表情繼續說。「但我應該會第一個回應，哈。」

從 Biung 口中聽到許多關於布谷拉夫的故事。部落入口處有一間台東縣延平鄉武陵國小，是日據時代就有的學

1. 布谷拉夫族人示範抓山豬陷阱

2. Biung 吹奏羌笛

校。當時不僅實行番童教育，甚至上學還需要向日本神社敬禮，處處受到各種規範。無法想像以前日據時代的日子，是生活？還是只為了生存呢？

日據統治下，為了吸引遠在山上的布農族人到平地生活，日本人進行了嚴格的管制與規勸，在平地區蓋許多房子並且家家戶戶配田。只是，初期採取鼓勵方式，後期則用施壓；趕不下山的，就直接放火燒掉村落逼迫族人就範。Biung 講著這些從爺爺口中流傳下來的故事，繪聲繪影，幽默口述下，也帶著點淡淡無奈與哀傷。族人緬懷著過去，不知道是否還能有回到山上的日子。

夜晚，用三顆石頭立起做成堅固通風的爐灶，放上碩大的鐵鍋，底下鋪排大大小小的柴火燒著。劈哩啪啦的柴火像極了過年的鞭炮聲響，響起的是布農文化，炸開的是對原民文化的感動。鍋爐裡放置從菜市場買回來的鮮嫩排骨，加上部落種植的樹豆，雲煙繚繞，再打開鍋蓋時就是一道令人懷念的樹豆排骨湯。

樹豆和薑片在湯上漂浮，看似清澈卻有著濃郁風味。風乾的樹豆前一天需先泡水，倘若是採用新鮮生樹豆，則要在煮湯前半個小時泡水完成。柴火熬煮的湯頭特別濃香，怎麼上山來到部落，

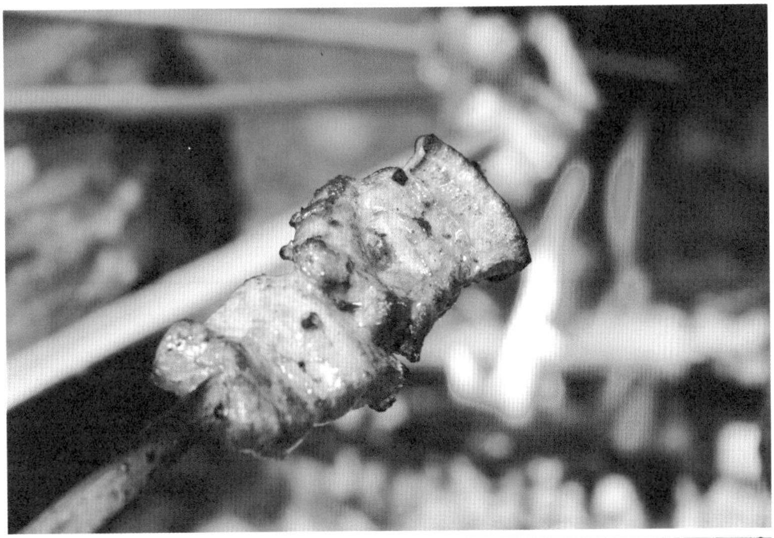

1. 香噴噴烤肉

2. Biung 介紹著布農族祭事曆

每一道食物都感覺好好吃。

山上採摘的野菜，田裡抓到的蝸牛，炸得香酥可口的溪蝦，市場買來的吳郭魚用鹽焗丟在炭火上烤，山上的，河裡的，都成了餐桌上的饗宴。手裡的碗盛裝了好多在地食物，坐在火堆旁感受溫暖，與 Biung 和族人天南地北的聊。此刻，感覺和族人更加親近，彷彿不是第一次到來，早已熟稔。吉他弦彈奏出輕柔的音樂，Biung 拿出自家釀造小米酒，一杯飲酒，一曲音樂，在掛滿星星的清澈夜空下，更多的聊天主題銜接各種語言連番登場。

夜晚的雨滴、早晨的蛙鳴，成為最精采的樂曲。肚子餓的聲音喚醒了身體，快速在部落找尋看心情開的傳統早餐店，一份烤土司、蛋餅和飲料，隨興填飽肚子。特意不騎腳踏車前往集合地點，想要透過漫步的方式走在部落街道。遠方的山伴隨濃厚水氣，雲霧繚繞見不到山頂的模樣。部落族人一早就開始忙東忙西，整理家園，見到我這個外來人，即便不認識也很自然地說聲早安，寒暄幾句。

坐上 Biung 的小發財車，從部落的大馬路轉進產業道路。周圍田地孕育出不同作物，像大地母親以不一樣的形式歌頌這塊土地，與人們的互動。武陵吊

1. 現烤鹽焗魚和山豬肉

2. 布農部落風味餐

橋橫跨鹿寮溪，在日據時代見證布谷拉夫的誕生與成長。深山林里間，吊橋下的溪水依舊清澈，與風、與雲，一同感受自然的美好景象。

距離武陵吊橋不遠處，是 Biung 的卡那歲工作坊。

「那個……等等大家會沒有訊號喔。」

「連中華電信都會沒有嗎？」

「對啊，連3G都連不上呢。」

說時遲那時快，手機訊號從4G瞬間以來不及反應的速度，與世界隔絕。在這裡，沒有任何一個老闆從 LINE 丟出來的工作代辦事項，電子信箱時間停在稍早，時光就此靜止。進入到卡那歲如同到了被遺忘的世外桃源，可以好好在此休息，認真發呆，讓身體與精神充飽電。常常在想，想逃到遠離世俗工作壓力的地方，卡那歲不正可以滿足我的需求嗎？

卡那歲（kanasui），是 Biung 和 Ngavan 兩夫妻帶著孩子們返回部落創建，以沉浸式教育讓孩子在布農文化的布谷拉夫部落生活，也是 Biung 家族 Takis-vlainan 家族世世代代居住之地。日據時代時，有7戶人家在距離部落最遠的水稻耕作區域開墾，共享成果，族人得以溫飽。Biung 希望能復育7戶人家的田地，讓大家一起共同耕作、共食、共享榮好生活。對布農族人來說，與自然共存的部落生活，才是耆老們流傳下來的生活智慧。

卡那歲還在草創初期，有許多地方還能改進，但在這裡，讓人看見了更多可能與未來。孩子們在寬闊草原盡全力奔跑，一旁的窯爐則是等會中午要烤比薩的器具。室內空間擺放了許多布農族文化展示與書籍，成了文化展示空間，也能在此用餐和放鬆，包容著各種可能。

沿著河床旁開墾的道路前進，這是 Biung 親手打造的路徑。深怕我們這些外來客人走不習慣「原始」的山中小徑，便從河床上搬運石頭、耗費許久時間建置而成，就像獵人一樣，學習著怎麼根據獵物種類，放置不同陷阱與設計巧思。而這些陷阱使用素材都取自於天然，不禁打從心裡敬佩獵人的各種招式與經驗累積，成為日常生活的展現。

拿著弓箭朝向模擬山豬射出一支又一支的箭，往左、往右、往上又往下，像極了剛學步的小孩，正在學習如何使用弓箭正中目標。Biung 吹著羌笛，聲音在森林中響徹雲霄。我們坐在獵人搭起的獵寮休憩，地上的烤火正熱烈吞噬木頭，綻放炙熱火光與烈焰。我跟著 Biung 學習吹羌笛，卻如同被靜音般，吹不出任何單頻音調。

一旁架上早已準備好添加紅藜的小飯糰。手裡拿著碩大、表皮還帶著翠綠尚未加工的天然竹串，將一端削尖，方便串起肥滋滋的五花肉。肉串在炭火上滴下油脂，噴出陣陣白煙與香味四溢肉香。烤肉過於原始，卻讓我們驚呼連連。一下須注意手中五花肉與火焰之間的安全距離，一方還要提醒自己不斷轉動竹串，讓五花肉的表皮烤上最佳油亮色澤，同時帶著焦香爽口脆皮口感。

從四處撿拾地上樹枝，以控制添加火侯程度。一口咬下肉串外表脆皮，富足的油脂香氣在口中迅速散開，忍不住也開始烤起手中的小飯糰，不知道這樣會不會更加好吃。歡笑聲音、森林鳥鳴成了最佳背景音樂。空氣中瀰漫著烤肉香氣，遠方的微風將森林的味道吹拂到此，好香、好香。

滿足了味蕾，沿著溪流走回卡那歲的碳烤窯旁。將卡那歲孕育出的南瓜、洛神，加上花椰菜、玉米、青椒，更重要的是烤過的山豬肉，拼湊出心目中喜歡的比薩模樣。用擀麵棍將柔軟麵團揉捏、壓扁至適當大小，我自詡是「手工比薩大師」，撒下不同比例與食材，鋪上滿滿的起司和卡那歲的森林空氣，出爐成屬於這塊土地香氣的「卡那歲比

武陵吊橋

薩」。

比薩的黃金比例是自己拿捏，卡那歲獨有的生活是我在台東的印記。

延平鄉

縱谷餐桌 — 180度的部落美味

鹿野高台的美景是範圍超過180度的視覺饗宴，但在不遠處，鹿寮溪和鹿野溪交會的永康部落，有著祈求天地和音——天與地、獵人與自然的共鳴。永康部落大多數為布農族的族人，擅長與自然相處，擅長狩獵，也擅長八部合音與其他傳統祭儀。重要的射耳祭在百年茄冬樹前舉辦，讓孩子體驗文化，讓自然帶領族人勇士獲取獵物並能生存。

永康部落的後山「永陵山」，是獵人進入獵場的重要所在。站在山腳下不覺得山有多高聳，但隨著部落車隊在產業道路緩緩前進，海拔逐漸上升，腳下俯視的各種自然美景讓人目不轉睛，瞬間，好像能懂鳥兒振翅乘風的感受。隨著爬升高度，心境從一開始的不安擔憂轉成開闊，柏油路早已被原始塵土取代，一邊是山壁，另外一邊則是底下的山谷景色。一路上出現了各種指示牌，但都充滿著濃濃的部落風格，帶點風趣又富饒意味。

「Uninang !」一句問候語，用最熱

永康部落山下景色

永康部落族人

烏尼囊多元文化工作坊

台東縣延平鄉泰平路 82-2 號

0988-815808

www.facebook.com/uninang.taluhan

烈的心情站在山林獵徑中等待著我們。

烏尼囊（Uninang）表示著感謝之意，感謝大家的到來，感謝部落的人們一同參與並推廣布農族文化，與胡明智和王美華夫婦一起，創立烏尼囊多元文化工作坊。布農族一生都與山林有不可分開的密切關係，除了耕作小米外，也會到森林裡狩獵，與族人一起展開祈福入山儀式，小米酒用手指點三下，敬天、敬祖靈、敬地，向祖靈告知我們的到來。

走在獸徑廊道中，四周圍繞著布農族人生活的各種智慧與痕跡；根據獵物不同尺寸而設置的石板陷阱，是獵人們的各種小巧思與設計。沿途的植物讓整體更具豐富性，幼嫩的山蘇葉和過貓是餐桌上的佳餚，黃藤攀爬在大樹上只求著日照，那大小不一的莖與枝條，布滿尖尖的刺，難以想像剖開之後卻有嫩嫩的黃藤芯，是煮排骨湯的最佳配角。隱藏在地底下很難從肉眼觀察到的薯榔，則是天然染劑。

布農族人身上背的背籃，也根據男女性別不同，有不一樣的大小與功能。男人背獵物，女人則背小孩或採收的作物。堅韌的藤編物花費不少時間與心血，卻是代代傳下的重要工具之一。

步行在山林裡，若要當個初階獵人

1	2
3	4

1. 進行入山儀式
2. 水同木果實，又名豬母乳
3. 示範設置石板陷阱
4. 黃藤

1	2
3	4

1. 紅色部分為薯榔
2. 山豬的下顎骨
3. 族人示範射箭
4. 部落前菜：地瓜、芋頭和南瓜

光學會認別植物還不夠，擲矛和射箭都是必備的技能。將山上的竹子取下削尖，尖端塗上有毒植物汁液投向獵物，是一種打獵的技能，射箭也需要準度。我們這群「都市人」想要練就這兩個技能，看來還需要花好幾年時間，才能有所長進。射得東倒西歪，不中靶心，堪稱是「后羿的遠親」，射得比他還遠。不過，此時有沒有中好像也沒這麼重要，贏得的是趣味與文化體驗。

離開獸徑廊道，肚子早已餓得咕嚕咕嚕叫。登上永陵山的山頂，迎面而來的是180度的花東縱谷美景。腳下的台東鹿野景色與遠方卑南溪，海岸山脈早已在另一端等待著我們。9月的秋天說不上秋高氣爽，但站在永陵山上卻能享受迎面而來的涼風，帶點森林療癒的氣息。

煙燻房內傳來的陣陣香氣，有點鹹，與柴火味道混合一起，更讓人探頭想知道裡面在煙燻著什麼食物。與大夥一起拿著大竹串串起不同大小的五花肉，蹲在火堆前搶佔最好的烤肉位置。底下的柴火經過火焰和時間淬鍊，表面有著雪白的灰燼。白煙四起，肉香與蒜頭成為部落版最有人氣的大肉串組合。

餐桌上的粗鹽和刺蔥辣椒醬，是點綴食材的香氣配角。芋頭、南瓜與地瓜為常見主食，綿密的口感與香氣，搭配遠方的花東縱谷美景，呈現其他景觀餐廳無法享有的天然滋味與視覺饗宴。野菜、香菇、甜椒與青椒，搭成不同顏色的彩虹蔬菜，口味新鮮清甜。整個花東縱谷繚繞布農歌謠與合音吟唱，一旁的狗狗也幸福地沉睡。

期待的煙燻房時間到了終於要揭曉答案，原來是一排燻出琥珀色澤的燻雞腿。向族人領取一支木匙和盛裝美食的大竹筒容器，準備開始享用美味的菜餚。鮮嫩多汁的雞肉，以及用柴火熬煮的樹豆排骨湯，搭配鹹香的鹹豬肉，都是佐著小米飯一起吃的最佳食材。火龍果口味奶酪端上桌，味蕾可以嘗到水果的香氣與綿密，也能感受體驗與永康部落族人互動的環節。

一首接一首的布農族歌謠音樂熱情吟唱，穿越過峽谷到達太平洋的那一端。早已忘記自己杯內喝到的是茶還是小米酒，儘管沾了刺蔥辣椒醬，濃郁的香氣還是沒有掩蓋掉食材本身的鮮甜滋味，那是我心心念念已久的部落味。

回程時，忍不住買了一罐刺蔥辣椒醬，希望帶回家也能品嘗到永康部落的空氣與那一日的療癒。

族人們唱著布農歌曲，也引導著我們一起高歌八部合音。聽說，那是連音

1. 樹豆排骨湯
2. 煙燻雞腿排

癡都能做到的吟唱，每個人只需要負責一個音就可以。族人帶領著節奏與旋律，我們開口唱著「啊」，五線譜的音階和音準這時候都不重要，大家一起同心協力地唱著、笑著，畫上不完美卻笑果十足的句點。

笑得好，這樣才會印象深刻。

臨走前，族人特地準備了豐盛的竹筒飯，讓我在回程中能回味部落的滋味。那是對待家人的情懷，來過這裡，就像是他們的一家人。那日的午餐香氣透過海馬迴在大腦記憶儲存。鼻腔收到的分子空氣與耳朵聽到的布農族歌曲不停迴盪，那是令人懷念且印象深刻的曾經。

烏尼囊多元文化工作坊族人

大武鄉

加羅板 — 溪流中的漁獵

自強號在南迴鐵道行駛，直到大武車站才得以停下。跨越屏東、潮州和枋寮，過了隧道後就能見到遠方的屏東海洋，直到深邃的太平洋映入眼簾。人生第一次在大武車站下車，光是月台的指標，隨著手扶梯向下，簡簡單單的小車站就足以令人興奮，好像有解鎖世界地圖般的榮幸。

與部落夥伴一同搭上前往加羅板部落的專屬小客車。行駛在市區和台9線上，橫跨大武溪走向大武林道後，才是加羅板部落的所在地。位於南迴公路上的加羅板（Qaljapang），因過去滿地遍布七里香，故而得名。其為台東唯一的南排灣部落，現今人數更少到只有兩百多人而已。經過多次遷村，從出水坡社（Jugachilai）直到現今，在加羅板溪和大武溪匯集處落腳。

喜愛爬山或走古道的人，對浸水營古道相信應該不陌生，而加羅板部落是其一的出入口，每當假日都會有許多登山客或休閒愛好者特地前來。浸水營古

理事長講解魚筌的製成

加羅板部落族人張輝煌理事長

加羅板部落

台東縣大武鄉大武村

道隨著歷史演變至今，從清代的營盤、州廳界，到日據時代的日警駐在所，留下了木炭窯和出水坡等多處遺址，歷經無數與原住民的交易。起點從屏東枋寮橫跨中央山脈至台東加羅板部落，除了海拔較低，保存完好也是大家喜歡前來探訪的原因。冬天季節，或許還有機會見到紫斑蝶聚集飛越過冬的模樣。

跟著加羅板部落族人張輝煌理事長前進部落，聽他娓娓道來浸水營古道的故事。身穿部落代表的族服背心，手裡拿著七里香枝條，背著羊角鉤編織包，必備的山地刀則橫掛在腰間。理事長表示，底下燃起的柴火並非烤肉使用，而是讓我們跨越，隨後，他將七里香枝條拍打我們這群遊客身上，表示淨身祈福之意，也告知祖靈一行人的來臨，希望大家來到加羅板部落，能事事順心且平安。

位於大武溪和加羅板河流匯聚口，加羅板孕育出多樣的漁獵文化，包括：一本釣、牽罟、八卦網、定置網等等。沿著部落小巷弄，理事長和族人潘大哥帶我們來到加羅板溪，一探最傳統的漁獵文化與捕魚方式。

加羅板河岸兩邊，有許多大小不一的石塊堆疊。河流裡溪水清澈，加上枯水期水位不高，能近距離蹲下欣賞石頭

1. 張輝煌和潘大哥示範魚筌放置
2. 從古流傳至今的捕魚工具——魚筌

的色澤變化，看見光線折射下的各種小魚兒們。

理事長拿著等身大的魚筌放置於河流兩側，並且利用水流的高低與流速來判斷魚筌擺放位置。魚筌尺寸可大可小，取決於該河道的寬度與經驗來判斷選用。而且兩側還會用河裡的石頭堆疊成適合魚筌卡住的位置，並用周圍雜草與樹枝來加強岩石和魚筌之間的縫隙，阻擋魚群的其他去路，讓牠們只能乖乖地游向魚筌所在位置。這種天然的捕魚方式令人驚艷，不禁好奇著以前的人是如何有這樣的想法念頭，開發出這麼聰明的捕魚方式？真的是一種生活大智慧。

魚筌的主要結構以前多使用黃藤，現今則用竹子來編織，並採取螺旋紋路以順應水流的流向。若是要製成等身大魚筌，光是取得竹子材料與編織手法，就得要花費不少功夫。

「製作魚筌都是男生才可以做嗎？」

「女生也可以喔！以前加羅板溪水量充足的時候，家家戶戶都會自製魚筌出來放置。」

「不過擺放的位置有學問，會放置在河岸的一左一右，前後也會拉開一定距離。」

1 / 2

1. 自製撿魚工具——剪刀

2. 示範魚鏡的使用方式

理事長回憶起以前擺放魚筌的生活型態，打趣地說：「今天放著，明天收成，躺著也能賺。」

加羅板溪流源源不絕，從上游流過潺潺清澈的流水。波光中閃耀著洄游性魚類，潘大哥口中的「Vulau」，大家口中的日本禿頭鯊，也在溪中隱藏蹤跡。禿頭就禿頭，還有禿頭鯊這麼奇妙的名字？好奇心驅使下，馬上蹲在河邊用手機查找日本禿頭鯊的真實模樣。

「哇！真的是禿頭耶。」

「對呀，這種魚賣得很好，河口一帶也很多人在抓呢。」潘大哥附和著。

「而且水要清澈乾淨，才有Vulau喔！」

、潘大哥用手比畫著禿頭鯊的大小：「長大也才15公分而已，小小隻的。」

帶有滑稽喜感的日本禿頭鯊，成魚會在中上游繁殖，孵化的小魚會回到海裡成長至7個月大左右，再返回原本的中上游度過餘生。而加羅板溪除了日本禿頭鯊還有其他魚種，生態物種豐富多樣。

「魚筌是在水量充沛時使用，那像現在枯水期該怎麼辦呢？」我有這樣的疑問。

「那就會用魚藤來將魚群迷昏。」

潘大哥拿出細綁一起的魚藤枝條示範

1
2

1. 用石頭敲打魚藤
2. 乳白色汁液

著。他隨手撿起一旁的石頭，對著魚藤進行敲打。接近碎裂的魚藤纖維，漸漸地在河水裡流出乳白色汁液，像極了在橡膠樹幹劃一刀，或者切開姑婆葉流出的液體。

這些乳白色的有毒物質在河中慢慢擴散，下游的魚兒就會被魚藤液迷昏。此時，族人們會用魚鏡搭配類似剪刀的工具來捕魚。將魚鏡貼平水面上，透過玻璃或壓克力的構造，減少水中折射的視覺效果，判定那些被迷昏的魚兒正確位置，再使用剪刀捕魚工具將魚兒們撿起。

魚鏡的發明值得讚嘆，到底是誰發現這個聰明功能的？不僅能避開因強烈太陽光照射，而看不見水底的困擾，也省去直接潛入河底或水面下的功夫。只要魚藤的用量足夠，就可以一直往下游享受撿拾魚蝦的快樂時光。

在潘大哥和張輝煌小時候的記憶裡，族人常常帶他們抵達距離部落不遠處的大武溪捕魚。無論是使用山林採集回來的魚藤，或是黃藤、竹編的魚筌，都是傳統流傳的捕魚方式。而且搭配魚藤、魚荃一起使用，永遠都會有漏網之魚可以撿拾，天天都有魚兒可以享用。

隨著科技發達，過往的魚筌和魚藤也演變成使用塑膠蝦籠等來進行捕捉。

魚鏡也可用來觀察水中生態

手裡拿著的魚鏡，則被用來觀察溪流魚兒的樣貌，成為生態科學家。能在加羅板部落親眼見到並且體驗完整的漁獵文化，讓此行的部落探訪更為豐富且有意義。下次再經過南迴或台9線，更想特地繞過去加羅板看看。

加羅板清澈的流水，親切的南排灣族人們……雖然見不到滿山滿谷的七里香，但被七里香加持的祈福儀式，已深入內心。

美麗清澈的加羅板溪

大武鄉

尚武——大陳島的新鮮事

南迴公路依然迷人。從台東市開車沿著台9線行駛，很難不在一旁的海岸線停下，擁抱寬闊太平洋給予的撫慰。南迴驛站的開幕，讓許多人在出遊時能有停留休息之處，在時尚星巴克或者二樓戶外陽台，吹著迎面而來的海風，喝杯飲料放鬆休憩。想買伴手禮的人，南迴驛站商品不能說最完美，卻是提供許多旅人外出時的能量補給。

驛站旁是尚武漁港和大武漁港，在馬路的另外一端則是尚武社區；沿著政通路走到底就能到達尚武天后宮。有著天然湖泊且生態良好的尚武社區，在早期台灣發展時，吸引許多台灣西部漢人移居在此，種植甘蔗並開墾農地，後來更催生了製糖產業。

除此之外，還有一批民國44年由浙江撤退來台的大陳島人移居。這些居民從基隆港進入台灣，政府依照不同職業和自身技術進行登記並分發到台灣各縣市，而為表揚他們對政府的堅定立場，這些大陳島居民也被稱為大陳義胞，並

尚武天后宮

台東縣大武鄉尚武社區發展協會

台東縣大武鄉政通路 34 號

0932-580820

www.facebook.com/shangwudevelopment

尚武天后宮

台東縣大武鄉政通五街 30 號

089-791799

crgis.rchss.sinica.edu.tw/temples/TaitungCounty/dawu/1410004-DCYBTHG

來到有農耕、漁業的台東尚武定居。

站在尚武天后宮前，我們跟著「鳳梨達人」、「鳳梨伯」稱號的王志堅走讀尚武，聆聽在地人，做在地事。

頭戴傳統農業斗笠，上頭包覆著可愛鳳梨圖案遮陽布，袖套也如出一轍，名符其實的「從頭旺到尾」。王志堅口裡的尚武，從民國50年代至今有著各種不同變化。當時的經濟環境不好，從尚武社區環境也可見一斑。而身後的尚武天后宮被稱為大陳媽，隨著大陳島居民來台，成為在地信仰中心。

漫步在尚武街道，四處可見平房建築，有著濃厚的眷村形式。從一旁倒塌的磚頭、外露屋樑與其寬度看來，小小不到幾坪的房子需要塞入一家子人口。有些房屋早已無人居住，有些則還見得到生活的痕跡。

熟悉捕魚過生活的大陳島人，當時政府特地建造大武漁港供其使用，但當時年輕人口外移嚴重，也沒有熱絡的地方產業，加上大武漁港遭受淤沙困擾，最後在地經濟還是只能依靠每天捕撈的漁獲，過著靠海吃海、靠山吃山的生活。

在街道巷弄穿梭的貓咪，不時擺出各種曬太陽的姿勢，吸引旅人趕緊拿出手機捕捉可愛模樣。社區裡的老樹下，

1	2
3	4

1. 「鳳梨達人」王志堅
2. 講解村莊房子使用的建築材料
3. 尚武村落的老房子
4. 已經廢棄的天主教堂

在還沒有電視娛樂的年代，充斥著各種「賣雜細」的小攤販，有些是以腳踏車攤商方式經營，後頭木箱裡擺放著各式日用品，宛如那個年代行動版的小北百貨。

攤商們搖動著波浪鼓，大聲嚷著「賣雜細」，沿街叫賣。村裡的人只要一聽到聲音馬上就知道攤商到來，快速通報街坊鄰居，到老樹下進行買賣挑貨。王志堅學著賣雜細的叫賣聲，栩栩如生。手裡拿著鑼，框啷框啷的敲響。

「喊鈴瑯，賣雜細，看你欲買啥物貨，我遮攏有免歹勢，來喲！愛水緊來買。」

「因仔著驚嘛嘛號，吐奶挫青屎，請認明這罐，黑矸仔標驚風散。」

從日常生活用品到地下賣藥電台，什麼都可以賣，什麼都可以買。

民國50、60年代，因為氣候與環境非常適合蝴蝶生存，尤其這裡是紫斑蝶過冬的棲息地，因此也吸引家家戶戶大人和小孩，手拿著抓蝴蝶的網子，抓取滿天飛舞的「新台幣」。台灣的蝴蝶種類近4百多種，隨著南投埔里的蝴蝶加工產業，將其做成標本或拼貼畫外銷到日本，蝴蝶產地和棲息地之一的尚武，也成了大陳島人們的抓蝶樂事，藉此賺取生活費、餐費與學費。蝴蝶品種的考

1. 尺寸小巧的老房子

2. 可愛的貓貓

究或名稱在當時一點都不重要，蝴蝶命名和售價也直接被畫上了等號。

「這五塊、三塊、一塊。」隨著標價，手指向黃裳鳳蝶、端紅蝶、玉帶鳳蝶，像極了在傳統柑仔店門口，孩子們對著不同口味和售價糖果，跟老闆進行買賣。「鳳梨伯」王志堅記憶中小時候到處抓蝴蝶的模樣，也是許多大陳島人的童年時光。

「上課上到一半看到蝴蝶在飛，就不想上課了，快點拿網子出來抓。」

「有時候抓到的蝴蝶數量多，一天賺的都比公務員收入還要高。」鳳梨伯喜孜孜的說著抓蝴蝶戰績。

除了民生經濟和娛樂，也沒忘了餵飽肚子的在地小吃。

麥油煎和大陳年糕是當地會製作的小點心，我們繼續跟著在地婦女學習麥油煎料理，邊吃邊聆聽更多尚武和大陳島人的故事。

麥油煎光從名字上翻譯，感覺要在平底鍋倒一層厚厚的油來處理，但實際上根本不用油，而是將製作的麵糊倒入煎台，等待餅皮成型，即可包覆喜愛的食材來享用。雖然吃法和潤餅異曲同工，但選用的食材不一樣，吃起來的口感也不同，更為Q彈。現在甚至還加入了火龍果風味，製作成夢幻版的粉紅色

1. 生動示範著從前的賣雜細

2. 包覆多樣豐富食材的麥油煎

餅皮麥油煎。

口裡咬著捲上許多配料、彈牙口感的麥油煎，聽著大陳島人的故事和歷史。尚武的大陳島人，還真多新鮮事。

尚武社區街道

長濱鄉

美味三寶——阿美族的餐桌美學

「山在哪裡，就吃哪裡；海在哪裡，就吃哪裡。」曾經參加過一個布農族的部落導覽活動，導覽員還順道向我們介紹了自己住家附近種植的植物們。一時興起，布農族人開玩笑問著：「有沒有阿美族的人呢？」大家你看我、我看你，看起來沒有人是。「還好……還好……不然我家庭院的植物都要被阿美族吃掉了，不能讓他們發現。」

阿美族人有多愛吃草，就連布農族人都知道。走遍花東，阿美族人生活於此最多；綿延的海岸線、縱谷線，靠山吃山、靠海吃海，是阿美族人與生俱來生存的本能。

大多數人對原住民風味餐的印象，不外乎是烤全豬、木頭炭火烤得香噴噴的烤五花肉、海裡抓的龍蝦大餐，憑藉著油炸、清蒸或熱炒等不同料理形式，呈上一桌原住民的滿漢全席。但深入走進阿美族部落，卻發現與印象中的原民餐截然不同；靠山的阿美族人非常擅長採野菜，且愛吃草勝過於肉，而住海邊

秋葵、過貓、苦茄、箭筍、醃製蕗蕎

野菜湯，加入南瓜燉煮版本

南竹湖部落

台東縣長濱鄉

的阿美族人也不遑多讓，喜歡在海邊採集各種貝類或出海捕魚，不僅料理方式與都市人相異，更不會使用複雜的料理方式，只以簡單的清蒸、汆燙烹煮方式來料理手邊食材。甚至會將所有野菜大集合煮成「野菜湯」（Haposay），那油綠綠到不行的野菜湯，常被我稱為「阿美族版青汁」。不過，阿美族人喜歡吃的野菜，大多都有種苦味，若搭配用木頭烤出的香噴噴炭火五花肉一起享用，反而有一種五花肉得以解膩，野菜湯能變清爽好喝的神奇搭配。

阿美族婦女，從小就跟著家中長輩到山中採集野菜，她們口中的野菜名字對我來說都是難以辨認的族名。有趣的是，一般人對植物的記憶都是植物名稱，像是地瓜葉、高麗菜、空心菜等，而阿美族人對野菜的記憶法，都是用野菜吃了有什麼功用、生長於哪個地理位置，以功能來做野菜命名的方式，顛覆都市人的想像。

被阿美族人列入「美食寶典」的野菜高達200多種，在不同季節到達阿美族部落，都能吃到不同的野菜，享用季節的豐收。最令我印象深刻的是「苦茄」（Tayyaling），個頭小小的，外型像極了一顆顆輪胎，也因此被稱作輪胎茄。想不起來是在哪個部落餐桌遇上了

1	2
3	4

1. 木耳炒箭筍
2. 使用在地材料擺盤的餐桌美學
3. 主食是小芋頭、地瓜和玉米
4. 烤一頭豬，來宴請貴賓

苦茄，只見料理的阿美族人汆燙後，在蒂頭放上一些沙茶醬，試圖用重口味的沙茶醬來蓋過苦味。拿起一顆咬下，在入口的沙茶香氣之後，苦茄的濃郁苦味與回甘隨之蔓延開來。

大家都說，苦茄的苦是苦瓜的2倍，我不清楚這種說法是有科學根據或只是個形容概念，但至今我還是對人生第一次吃到苦茄的舌根苦味區感到極度衝擊，說它有20倍苦我都相信。在阿美族部落待久了，常常見到苦茄在餐桌上出現。說也奇怪，無論蒂頭上搭配的是沙茶醬、小米辣或其他重口味調味料，吃久了慢慢竟也能接受那個入口即苦，尾韻回甘的苦茄。現在更練就不用添加其他調味料，單純汆燙吃也能入喉。順帶讓原本討厭苦瓜、山苦瓜的我，也能接受任何苦味蔬菜。這……應該也算另類的開啟人生新篇章？

過貓（paheko）、山蘇是大家常見的山野菜，但厲害的阿美族人對野菜的採摘絕對不僅於此。從山苦瓜葉（kakitan）、龍葵（Tatukem）、野莧（kalipang）、山茼蒿（sama'）、鵝仔草、五節芒芯（hinapeloh）、林投芯（paringad）、黃藤芯（Dungec）、木鱉果（sukuy）、箭竹筍（da'ci）、山芹菜、馬齒莧等等，就連被當玩具相互

1	2
3	4

1. 南瓜、箭筍、地瓜、蕗蕎、苦茄等野菜
2. 小魚乾佐醬苦茄
3. 咸豐草炒飯
4. 剖半準備料理的苦茄

丟人的咸豐草（Karatutuyay）都不放過，從春天吃到夏天、秋天吃到冬天，一年四季總是有採不完的野菜可挑選。

黃藤滿布尖刺的可怕模樣，在阿美族人眼中卻是帶著苦甜的黃藤芯，是熬煮排骨湯的必備食材；跟著南竹湖族人上山見到的芒草，彷彿如獲至寶的族人當場教我們撥芒草芯，品嘗剝皮後、吃起來帶有牧草味的白嫩芒草口感；而鄒族人用來當作去除厄運利器的五節芒，在阿美族人眼中也是可入菜的食材。

讓我念念不忘的還有一道樹豆排骨湯，這美味就連布農族也會把它當成家常菜。高約1至2公尺的樹豆繁殖力強又耐乾旱，大多部落都會在自家附近種些樹豆，當成食材菜園採摘。成熟的樹豆就像咖啡色版的毛豆，採收曬乾後可以保存很久。阿美族人會把豬骨或排骨和樹豆一起熬製成湯，讓上山打獵的勇士享用；聽說樹豆含有大量礦物質和鋅，對男性功能極有幫助，因此被部落婦女戲稱為「部落威而鋼」。

阿美族人吃野菜不夠味時，簡單汆燙加點調味料是最基礎的做法。花蓮豐濱靜浦部落的海王子寬明曾說過：「鹽巴、辣椒、水是阿美族人的美味三寶。」無論哪一種食材，從海鮮、野菜至肉類，只要撒點鹽巴，敢吃辣的人再加點

1	2
3	4

1. 醃漬貝類
2. 難忘的苦後回甘——苦茄
3. 翼豆
4. 情人的眼淚——雨來菇

醃製小米辣，就是天堂的美味。而且可不要小看這美味三寶，就連阿美族古調沾醬歌（tenas）的歌詞都寫到：「阿美族的姑娘知道怎麼採藤心（kayoing say no Amis sa mafanaay ya midongec）」、「嘿～哈，來沾醬，來沾醬（He~yan~Tenas Tenas）」、「老人家吃得很高興（O kaolahan no mato'asay）」，其中的沾醬指的就是鹽巴、辣椒、水，不難想見沾醬在阿美族人料理的重要性。

就連醃辣椒也很講究。將自家採集的小米辣泡製在紅標米酒裡，釀製一個月左右就能打開享用。酒香裡帶著滿滿的辣椒香氣，無論配海鮮、肉類甚至乾拌麵都萬用。濃郁的嗆辣味瞬間充滿整個口腔，是愛吃辣的人來部落一定要帶回的推薦伴手禮。

除了野菜，生醃系列也是阿美族人的食材特色，常聽到的喜烙（silaw）即為生醃豬肉。光是silaw，也分有台東或花蓮作法，甚至海岸與縱谷線的作法也截然不同，就如同台北人家裡的滷肉飯、嘉義雞肉飯、彰化爌肉飯，家家戶戶都有自成一派的獨門秘方與醬汁作法。對於初次品嘗生醃豬肉的人，建議可以把肉切薄薄一片，用一團米飯包裹成一口飯糰來吃，感受阿美族人常吃的「捏捏飯」吃法。濃郁的豬肉香氣，搭

1. 使用椰子殼來當碗
2. 貝類
3. 藤壺
4. 笠螺

配鹹味十足但又不死鹹的味道，讓單純的白飯有了不同層次與味道昇華。

海裡的美味阿美族人也沒有錯過。靠海的阿美族婦女會在退潮之際，到潮間帶撿拾各種貝類回家生醃保存，而且是保持著吃多少採多少的心態，不浪費食物，對上天賜予的食物保有高度的尊敬心，無論採集野菜、製作 silaw、醃製貝類魚鮮，都不會有為了拿來賣錢或多賺點錢的念頭。Ina（註1）常告誡孩子們：「拿多少吃多少，要留點給明天或其他人，這樣才能延續、有得採摘。」

阿美族的智慧也展現在餐桌。族人會用芭蕉葉、月桃葉來裝飾餐食，用竹編或檳榔葉鞘做成小碗小盤，甚至將椰子殼剖成一半當碗使用。若夾取食物沒有筷子怎麼辦？沒關係，族人會上山用刀砍下竹子製作，並將竹節中間挖空用來盛裝菜肉。從小地方看見原住民們善用在地物材的生活智慧，也能感受到他們用心感謝大自然的恩典。

※ 註1 Ina，阿美族語媽媽或女性長輩之意。

1. 採集黃藤芯
2. 黃藤布滿尖刺
3. 從竹子變各種竹筷、竹杯與湯勺
4. 檳榔鞘裝野菜和竹筒

長濱鄉

真柄——望向大海的梯田

迷人的東海岸，是來往旅客停駐的地方。站在真柄梯田，望著日出、背著夕陽、迎向東海岸的海風吹拂；難以躲藏的陰雨天，讓金剛大道的金剛難以呈現完整樣貌。脫鞋、拎起，踏在金剛大道上的柏油路上，湛藍的天空倒映水田，好像時空都靜止了。

台11線上，呼嘯而過的車輛不斷朝向台東或花蓮方向前進。穿越過長虹橋，迎來的是靜浦部落，過沒多久即進入到花蓮和台東的交界。台東長濱有個八仙洞，是許多遊客到長濱必定會停留走走的熱門景點，其延續史前遺跡和地質景觀，在此曾發現重要的舊石器文物，也是現今知道台灣最久的史前文化遺跡。

每次路過八仙洞，都會花點時間去看看，但是卻從來沒有一次完整走完洞穴，僅是匆匆停留，拍幾張照片代表自己曾到此一遊。有時候不免思考，這樣的遊歷方式真的能了解史前文化遺跡嗎？每次興起這樣的念頭，回家總是會

浪花蟹露營區的海域

舞嗨 PIZZA

台東縣長濱鄉長濱路 270 號

0978-098897

www.facebook.com/p/
舞嗨 Wohay-100063744141774

浪花蟹露營區

台東縣長濱鄉三間村真柄 4 鄰

0978-687555

www.facebook.com/p/
浪花蟹營地 -100064623735097

真柄禾多小酒館

台東縣長濱鄉

0905-075000

www.facebook.com/herdor.bistro

台東真柄谷泥悠露營區

台東縣長濱鄉

0987-651391

www.facebook.com/Kuniyu.
Camping

抱著許多歷史資料和書籍惡補，待下次再路過八仙洞時，再將所知和眼前所見相映，旅程留下的深度和匆匆也截然不同。

這次，我又在台11線上找尋著能慢活的地方。一旁的海岸線不斷接受海浪拍打，形成漸漸純白的浪花。之前在長濱南竹湖歷經四天的部落工作時光，對不遠處的金剛大道深感興趣。但實際探訪過才知道，原來這裡還有一個隱密的看海景點，不輸給金剛大道的筆直，也能眺望遠方太平洋，難得的是，前來的遊客鮮少，更能利用充裕的時間，好好地慢慢走訪。

花東海岸公路上的舞嗨 Pizza 店，是我認識真柄的第一步。公路上車子來來往往，斜對面有一間中油加油站，旁邊還有間全家便利商店。小小的店面很容易就錯過，除非剛好要停在中油或便利商店，否則根本就沒有停下來的可能。

在網路上見到舞嗨的相關消息時，就心心念念地在自己的 Google 地圖標記了星號，做為下次前往的筆記資訊。店門口有著紅黃綠三種顏色標記，菜單都是使用在地食材來進行料理。一旁的大草坪和平台會舉行音樂會等相關活動，點杯飲料消暑解炎熱台東的渴，菜

1. 舞嗨
2. 翼豆
3. 舞嗨 Pizza 店內的餐食

單的 Silaw 披薩、Amis 鹹豬肉、烤飛魚等，能讓你吃到長濱滿滿的心意，意猶未盡的滋味，也是勾引人下回前來的主要動力。

舞嗨（Wohay）是店名，也是人名。這聽起來很嗨的名字來自老闆莊巧雲、族名舞嗨。返鄉回到部落後，她一手打造部落商品販賣，推動部落導覽和相關市集。個性熱情活潑的舞嗨，向我們介紹這家店所上演的一切，但更令人期待的，是真柄部落到底還有哪些蘊含？

舞嗨帶著我們一行人來到距離舞嗨比薩店開車 3 分鐘左右的浪花蟹露營區。那是美得令人忘不了的海邊景色，漂流木橫躺在這裡形成最佳網美拍照背景。和海岸如此接近，燙腳的沙灘在下午時分依舊不減熱度；穿著球鞋踏在沙灘上有著鬆軟觸感，耳邊傳來陣陣海浪拍打聲音，純白浪花襲來，也捲來彷如海鹽拿鐵般的香味。

「好希望能在這裡住一晚。」

「這裡是傳說中懶人看日出的最佳視角。」

同行的人你一言我一語地討論著這裡的美景，想要在此找尋浪花蟹的蹤跡，卻沒有緣分見到。趁著太陽下山之前，轉向真柄部落後山走去，這裡有真柄禾多小酒館和余水知歡民宿。走在部

真柄部落大道，連接到太平洋彼端

落裡，有在地人舞嗨帶路，彷彿就像走進自己家廚房或後院般親切。若想擁有後山前海的景觀，真柄禾多小酒館旁也有真柄谷泥悠露營區可以選擇。

舞嗨跟我們聊了好多關於這塊土地的故事。

真柄部落的祖先從花蓮豐濱八里灣和靜浦遷移而來，大多數為阿美族人，僅有一兩戶是漢人。這種密度集中的阿美族文化，造就內容飲食和社會階級上有密不可分的關係。被當地人稱為「情人灘」的沙灘，是個狹窄又完整、且在東海岸上少見，欣賞月亮和太陽日出的好所在。夜晚灑落溫柔月光，千變萬化

梯田中的水池倒映著晚霞

且多彩的晨霞上演著東海岸實境秀，不論早晚，風兒依然溫柔。

走在南三間屋溪和真柄溪區間的筆直道路上，附近都是東海岸的梯田。這條無人知曉的鄉間小路，也是前往後方金剛山的最佳欣賞點。梯田剛種下小小秧苗，沒有名字的道路，寬度足以讓一輛車開車進入，前方不遠處則是一望無際的太平洋。在這裡，大聲喧嘩吵鬧、在馬路上翻滾，甚至來個後空翻，大概都不會有人理你，有一種超夢幻的不真實感。雖然，當天最後因為天氣陰雨，雲層厚實，沒能見到金剛山的金剛面貌，但還是因為美麗的鄉間小路風景而開心。只能在心中默默祈禱，下次前來會是晴朗好天氣。

舞嗨介紹著真柄部落的過往，走著走著就把鞋子脫了，雙手拎著鞋，赤腳踏在柏油路上。

「等等，你這樣不痛嗎？這是柏油路耶！」

「不會啊！我們都這樣走，很舒服很踏實，你要不要也試試看？」

接獲訊息的友人如同被按下開關，開始跟著脫鞋打赤腳踏上這條名為「走向太平洋之路」。而我卻糾結著等等到底要在哪邊洗腳這種民生問題，始終不敢脫掉鞋子。明明在田裡就敢，怎麼在柏油路上就不敢了呢？

梯田層層堆疊，幼小的秧苗尚未長起。遠方不遠處有台紅色農機具靜靜停放，那瞬間，畫面就像是農村上的油畫，厚厚的顏料堆起稻浪起伏，彷彿還能聞得到稻香。任何一個角度隨手拍都是攝影大師絕佳的作品，水田上倒映著天上雲朵，風靜止的時刻，水面宛如鏡面般真實。

走進部落，迎接著我們的是部落媽媽們特地準備的部落餐：海邊撿拾的各種螺貝類、都市很難吃到的翼豆、擅長吃海吃山的阿美族各種山產海產等等，搭配歡慶小米酒、鹹香山豬肉，就連盛盤都使用植物葉子與竹編器皿在地呈現。愛吃辣的人，還可以加入族人用米酒泡的小米辣經典調味料。

歡笑響徹整間屋子，餐桌上的各種菜色被人肆意夾起，飽餐一頓。至今，我依舊懷念著真柄，想探索背後更多的文化底蘊，和那一夜餐桌上部落媽媽的各種手藝。

Pacefongan — 天空之鏡

網路上的社群媒體越多，簡簡單單就能讓某個地方瞬間「榮獲」許多注目和強烈的吸引力，但熱度來了，帶來錢潮、人潮和垃圾潮；熱度走了，留下的只剩廢棄物品、破壞的環境，和在地居民的憂傷。沒有一個人願意自己的家園被垃圾包圍，沒有一個人願意名字被誤解，它是曾經在網路爆紅，短時間內一天就吸引 2000 人來訪的 Pacefongan（巴茲風岸）。

說 Pacefongan 名稱你也許從來沒聽過，但應該有耳聞過它在網路上的稱號「天空之鏡」。位於台東海岸線台 11 路上，距離台東東河開車 10 分鐘左右距離即為「都歷部落」，而 Pacefongan 則是都歷部落的傳統海域。

網路上是這樣評價它的：

「東海岸必拍網美 IG 打卡景點。」

「台東夢幻景點。」

「東海岸絕美傳奇，衝浪必去！」

第一次到都歷部落，就好好地待滿四天三夜，學習部落內的工作、歷史、

都歷傳統領域，名為 calacahay 的海域

Pacefongan

台東縣成功鎮都歷路

都歷神社遺址

台東縣成功鎮都歷路 64 號之 4 號

文化，與這塊傳統海域 Pacefongan。和都歷族人前往 Pacefongan，不料碰上東北季風轉換期，天氣變化較不穩定。踏上 Pacefongan 沙灘，聆聽著都歷族人口中的傳統領域，每年海祭（註1）期間，族人會利用這裡的離岸流（註2）來將竹筏推往海上，讓竹筏可以用最快的速度抵達外海；這裡是讓船下水之處，也是阿美族語 Pacefongan 巴茲風岸，並以此命名。

特別的是，每當退潮時，Pacefongan 獨有的黑色沙灘經過太陽照射下，能顯示出宛如鏡面效果的倒影，引起許多遊客前來拍照打卡，也因此在網路上引起廣大響應熱潮。到訪當天，下午三、四點太陽已經不那麼炙熱，日光和煦溫暖，讓擁有黑色沙灘的 Pacefongan 只要放低手機角度，就可以任意捕捉超級好看的照片。

蹲在黑沙灘上，發揮觀察力就能見到許多細小洞穴，彷彿深不見底的直到地心。每個小洞中，居住著各種不同的沙蟹，台灣僅有的4種品種，都能在 Pacefongan 見到蹤跡。不過，我在這些小洞穴前蹲了許久，卻無緣見到這些小巧可愛的沙蟹們。聽族人說，以前生態健康的時候，可以在一大早就見到出來沙灘找尋食物的小沙蟹，密密麻麻、數量之多，有夠壯觀。夕陽即將西下，我也只好放棄等待，先回部落吃晚餐，打算隔日再來。

第二天，因為東北季風的關係，站在 Pacefongan 海灘上已經感受不到和煦微風，取而代之的是強勁海風，就連身上的輕便式雨衣都激烈地發出沙沙塑膠聲。湛藍的清澈海水不再，天空的厚實雲朵呈現不同層階的灰，你說，下一秒就是世界末日，我也相信。

經營「都歷海洋教室」的葉之幸，與有著「都歷版巨石強森」之稱的阿郎，都是都歷部落的青年。他們希望 Pacefongan 的爆紅，能帶給外來旅客除了都歷沙灘之外，還有花點時間到台11線對面馬路的都歷部落，理解他們、了解部落。在帶著遊客進入部落傳統海域時，除了告知哪邊拍照好看，玩 SUP 或衝浪等旅遊形式，他們還希望告知大家部落傳統海域地名，以及隱藏在背後的各種故事，包括部落族人如何與自然一起互動生存，還有海洋的智慧。

※註1　海祭，阿美族人祭拜海神的年度祭典，僅次於豐年祭。大多數都為6月舉辦。
註2　離岸流，海上會有一種高速往外的海流，該海岸某處會沒有浪花且海面顏色與其他地方不同。

阿郎告訴我們，Pacefongan 曾在一天內有高達 2000 人入內的最高紀錄，當時經常可見滿地垃圾，甚至，也見過旅客直接將車開進去海灘，各種百般無奈狀況，卻又無法進行任何規勸，只能每天花很多時間與部落族人一起來巡視撿拾 Pacefongan 上的垃圾。

「我們常常來這淨灘。」

「我們很痛心，希望遊客對待這片海域能如同自己家鄉般尊重。」

與部落青年一同拿著夾子、垃圾袋，和一起前來都歷部落的旅人們，進行一場名為「欣賞都歷沙灘，實行淨灘」的活動，希望能夠盡一份心力，讓Pacefongan 可以變得更好，恢復原本該有的模樣。

東北季風讓天空飄著的毛毛細雨力道增強，手上的夾子顯得冰冷，垃圾袋被風吹成超現實派藝術品、形狀難以言喻。我們走在沒有好天氣所形成的鏡面沙灘，沙蟹的洞穴依舊沒有動靜。或許，是因為糟糕的天氣還不如躲在洞穴裡來得舒服吧⋯⋯。

淨灘參與者不放過沙灘上的任何垃圾，每撿到一個就會忍不住興奮大喊，像是累積了一件功德般有成就感。看著眼前各式各樣的垃圾，不禁疑惑這些寶特瓶、漁網、釣魚器具、拖鞋

Pacefongan 淨灘活動

是怎麼進入到海洋的？關於這些海廢的飄流故事，又是怎樣的大冒險？每當有人撿到一個垃圾，我就開始幻想著百種可能。

從台11線的7-11都歷門市小路進去走到底，就是Pacefongan。沿著海岸線往南走到盡頭，卻是都歷垃圾衛生掩埋場。站在沙灘上，可以聞到不遠處垃圾掩埋場的濃郁氣味，與一旁美麗的黑沙灘視覺形成落差。垃圾氣味與海岸鹹味混合在一起，我真心覺得在此拍照，才是正版的網美與現實感衝突。

「垃圾在此掩埋，但有些會流到大海中，然後再沖上沙灘被我們撿到……而我們再將這些垃圾進行分類回收，有些可能又回到掩埋場。」

這樣永無止盡的循環，是否有其他解決方式可以終止？想想，或許可以從自身減量垃圾開始做起，攜帶環保杯、環保碗筷，用垃圾袋將垃圾收集起來；物品盡量回收使用到不堪用為止。看著手上袋裡的垃圾，回想自己一天之內到底創造出多少垃圾量？說起環保給人感覺陳腔濫調，但儘管能做的有限，我想……還是真的只能從個人的一小步做起，才有可能打破循環，逐漸改變吧。

站在Pacefongan望向遠處的掩埋場，眼前所見讓我思考著：垃圾、海洋

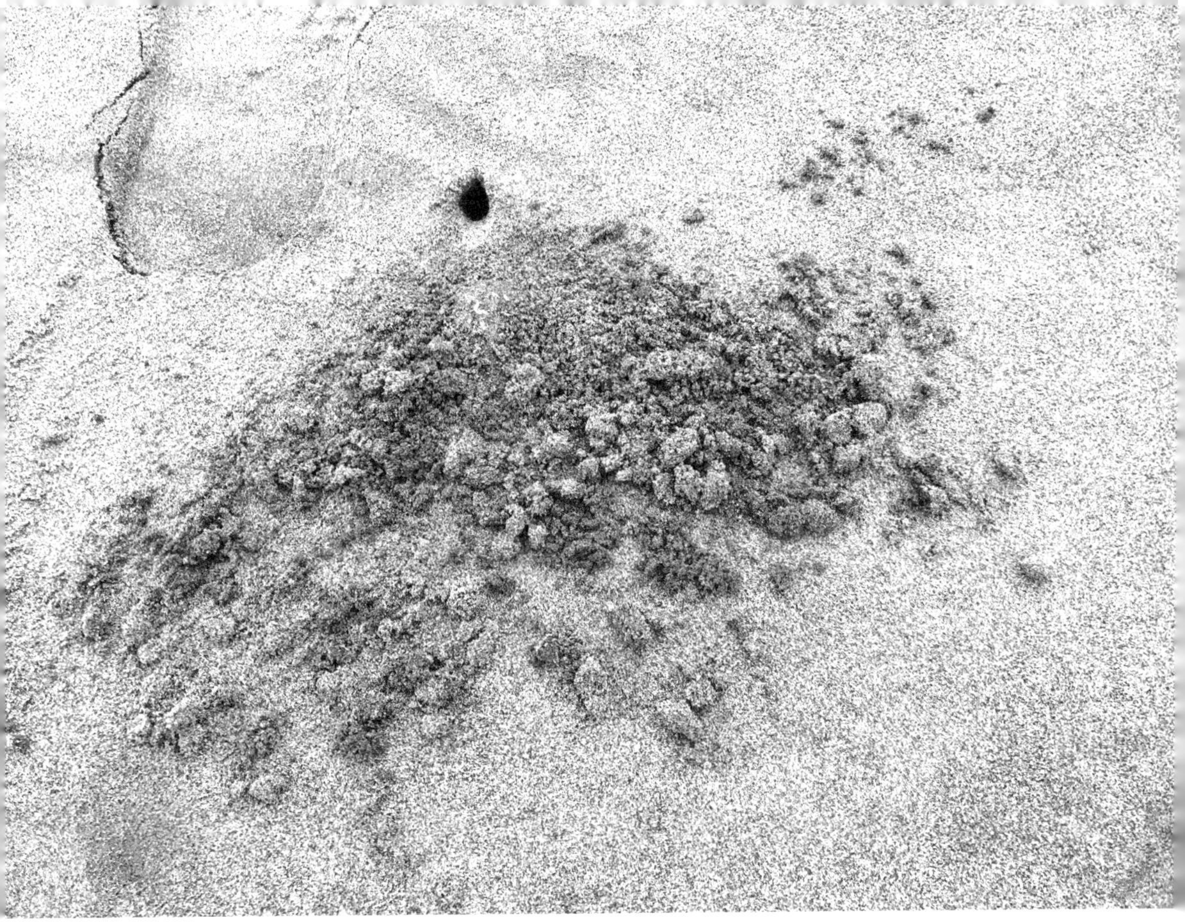

沙蟹挖出來的洞

與人的循環大哉問。也希望都歷部落沙灘，未來一樣能迷人美麗，讓前來的旅人能見到日出、日落不同映照時間的光景。而我，依舊對著自然環境關懷，依舊保有如此的初心。

成功鎮

市場早味——成功人士的早餐Style

面海背山的台東成功鎮，有著東海岸最大漁港，一年四季皆有新鮮漁獲，許多遊客也為此前來吃海鮮買水產。遠方的海洋是黑潮必經之處，有著豐富的漁獲量之外，每到10月東北季風吹起，更是旗魚最肥美的季節。各家漁船會在此時出海，用魚叉標旗魚，這是討海人的生存方式，也是台東成功漁港的其中一項特點。

從花蓮玉里火車站穿越過玉長公路，轉進台東成功鎮下車；每當有朋友特地前來接送，我都會感謝他們暖心幫助我這個期間限定的「成功人士」，朝向「成功」的方向邁進。以城鎮來說，成功鎮的面積不大，很適合用散步方式來認識，而用緩慢腳步仔細觀察周遭一切，也是我習慣且喜歡的旅行方式。

站在防空警報台遺址，可以見到沿著公民路為起點，一覽無遺的成功鎮模樣。舊名「麻荖漏」（Madawdaw）的成功鎮，是來自阿美族語的名稱。此行出發前，列出了好多必去景點，在腦海

市場好口碑麵店

市場口麵店

台東縣成功鎮

丸昌生魚片 旗魚丸

台東縣成功鎮中華路 136 號

089-851265

www.fishpeng.com.tw

東粄香草仔粿

台東縣成功鎮中華路 118 號（農會對面）

089-851327

www.facebook.com/ttcgricefood

湯頭鮮美的米苔目

中默默規劃著認識成功小鎮的路線，也前往找尋在成功海銀行的朋友小巫，聽他分享著口中成功鎮的模樣。

翌日，聽從小巫的建議到成功市場走走找尋早餐。面對琳瑯滿目的美食，心裡盤算著該怎樣才能在小小的胃部空間，吃到所有美食，讓這趟旅程獲得最大滿足。決定先往中華路上溜達，找尋市場口麵店。也許是已經過了在地人的用餐時間，店內座位尚未坐滿，點了一碗來台東必吃的米苔目，找個位子坐下，期待著熱騰騰的湯頭上桌。

猶豫著要不要把隔壁的成功丸昌生魚片叫來一起享用，一碗米苔目混搭一盤生魚片，體驗「成功人士」的早餐風格……畢竟一早就有生魚片可以吃，真的有點厲害。不過，以過往旅行經驗來說，離開台北後，每個縣市的標準小碗對我來說都很大碗，深怕早晨還沒開胃點太多會浪費，最後還是選擇先吃完一樣食物，完食再物色下一個目標，比較環保。

貓咪在市場口喵叫著，意圖引起路過人們的注意。麵攤老闆快速手抓一把米苔目丟到滾燙大鍋裡，大勺子不停甩動，直到米苔目被汆燙完畢，碗裡加入湯頭和調味料，再豪邁撒上大把柴魚片，熱騰騰的麵食迅速就能端上桌。

東粄香草仔粿

柴魚片伴隨著熱氣白煙在湯頭上跳舞著，味蕾享用前，先上演一段視覺秀。將柴魚和湯頭均勻攪散，送進嘴裡咀嚼，可以完全品嘗到柴魚湯頭的鮮甜和米苔目Q彈，看起來樸實無華的一碗麵，卻令人感到幸福驚艷。

坐在攤位上吃著米苔目，前來買早餐的在地人潮也沒有停過。有的要外帶，有的要湯麵加滷蛋這裡內用，更順手順腳地走到隔壁喊了一盤生魚片享用。丸昌的老闆切好生魚片快速送上，湯麵接著送上桌，一氣呵成的流暢動作，在成功市場天天上演。

成功漁港是東台灣最大的漁獲產地，集結了客家人、綠島人、台東本地人、原住民等人口，市場裡也供應著各家各戶獨有的飲食文化。走在成功市場裡，各種特色早餐都有，有市場口麵攤、丸昌生魚片、成功東粄香草仔粿、越南料理阿莊小吃，如同在大飯店吃早餐般齊全，能從眾多口味裡找到自己喜愛的。

一碗米苔目早已飽足，但依舊對隔壁的生魚片念念不忘。摸摸肚子覺得尚有空間，便跑去丸昌攤位看了看，順道點份生魚片來吃。10月是白皮旗魚的盛產時間，朋友小巫有交代：「若去市場吃生魚片當早餐，記得一定要點季節限

1. 誠意滿滿的白旗魚生魚片

2. 每一口都吃得到新鮮

定的白旗魚，還要吩咐老闆給肥一點的。」

秉持著「白旗魚守則」，即便丸昌攤位上擺放了鮪魚、鮭魚、旗魚等誘人魚肉，我都不為所動。老闆娘見我一人在攤位前看著，熱情詢問：

「你要哪一種魚呢？現在是旗魚季節唷。」

「白旗魚一份，要肥肥的。」

「好，你要多少錢呢？」

這問題實在考倒我，到底一個人吃要多少錢啊？腦袋回想著台北生魚片的價格，但台北物價在台東成功好像不太管用，只好無奈求助老闆。

「我一個人吃，這樣要叫多少？」

「大概 150 或 100 元左右就夠。」

老闆俐落地拿起當季肥肥的白旗魚豪邁切下，只切了 100 元我就決定停止，並且慶幸剛剛沒有搭配著麵同時一起吃，否則這種份量我肯定無法吃完。老闆特地挪用一旁的冷凍櫃冰箱，再拉個椅子，讓我就著冷凍櫃充當桌面，帶點歉意地跟我說：「唉唷，怕你在市場內吃不習慣，外面麵攤位置比較舒適通風啦。」

我眼睛直盯著盤內油滋滋的旗魚生魚片，還是不敢置信價錢只要 100 元？難道這就是產地的誠意？「說好的一人

可愛的貓咪坐檯陪伴

吃小份量呢？也太多了吧……」沾著芥末嘟囔時，店裡跳來一隻貓窩在角落，眼睛直盯我手上的生魚片。

「沒關係的，牠總是喜歡坐在客人旁邊，但不會吃你的食物。」老闆見到我一臉驚恐，趕緊解釋著。

肥滋滋又厚實的白旗魚生魚片果然不一樣，油脂豐富，可以吃到油脂的香氣還有魚肉鮮甜。厚約一公分左右的生魚片，完全吃得到魚肉的纖維感，搭配一點醬油和芥末更是提味。除了有可愛的貓咪坐檯，還能欣賞老闆手起刀落的鮪魚解剖秀，將新鮮魚肉分門別類地擺在冷藏櫃裡，等待下一個客人點餐內用或外帶。

丸昌魚行現在由第二代彭馨平接手，繼承爸爸的手藝，在市場內販賣魚丸和生魚片。和老闆聊天的過程當中，更能感受到他對各個魚品種類的認真與熟悉度，難怪會在成功市場享有地方名氣。

下次，還想要再來點一碗米苔目加當季的生魚片，享受一份「成功人士」最棒的早餐。

成功鎮街景

成功鎮

海女——有就有，沒有就是沒有

台東成功鎮有著各族群融合的美食特色文化，走在海邊或海岸，還能看到日日夜夜到海邊報到的部落海女們。她們的日常，就是到海邊上班、下班，如同逛菜市場般選擇撿拾貝類與螺類；大海所能給予的，除了前進或後退的節奏，還有取得或捨得的人生智慧。

吃完成功市場的早餐，期待著跟海女下至海岸潮間帶活動，探看到底海女在潮間帶的祕密是什麼？

以往我們對海女的印象，不外乎是從電視節目上看到國外海女潛水到海裡，採集各種所需食材的畫面，而台灣的海女則會在東海岸甚至東北角的潮間帶走走，找尋岩縫中的螺貝類，像極了到菜市場買菜，只不過需要自己撿拾。

這樣的海女經驗並非一天可以練就，而是需要長時間累積，透過自己的雙眼和身體感受潮汐浪潮，在海邊摸索出實戰攻略。難得到台東成功一趟，我便報名參加了成功海銀行的實體活動；從銀行中提取的不是實質金錢，而是海

芝田部落的海邊

現烤的月光螺

成功海銀行

台東縣成功鎮中華路 66 號

089-851552

chenggongculturebank.com

女的生活體驗。我帶著好多疑問，想要知道海女到底是怎麼從潮間帶觀察出螺貝類的位置？帶回家之後又要怎樣料理與保存？這些疑問都成為滿天飛的泡泡，滿布沙灘沿岸，等著海女來幫我戳破解答。

東北季風降臨台東成功，芝田部落旁的海邊是我們這次觀察的主要選點。一天有兩次的漲潮與退潮時間，我們選在一早的大退潮時刻，跟著裝備齊全的海女們來探險。手裡拿著自製採集工具、裝戰利品的塑膠小提袋、保護手的純棉手套，這些算是基礎版的海女必備道具。

這次跟著海女中英阿姨與她的妹妹，一起到芝田海邊採集；會選於此是因為這邊有著沙岸和岩岸交錯的地形，地勢比較平坦，適合初次跟著海女學習的學員。中英阿姨頭戴著防曬帽，嘴巴和脖子用長袖外套包緊緊，腳踏溯溪鞋，身上掛著各種神奇小道具，手裡的自製工具雖有些粗糙，卻是挖掘螺類（cekiw）和月光螺（fafako）的絕佳利器。

cekiw 和 fafako 常會躲在岩石縫隙和岩石上，而且因為黏得很緊，通常需要使用海女特製工具將其翹起，用不傷肉質的方式進行採集。海女中英阿姨

1. fafako
2. 仔細地清洗 fafako
3. 展示著撿拾到的月光螺
4. 海女阿姨說明夜晚與白天抓月光螺的不同特點

見到我們這群年輕人，直呼開心有人願意來接觸這個職業，不然從事的大多數都是年紀較長的媽媽們，這樣的日常與身分已經快要找不到人傳承。

「這邊呦，烏龜都會來捏。」中英阿姨口中的烏龜，原來是芝田部落（Cirarokohay）阿美族語海龜產卵的地方。阿姨一邊解說著各種狀況，一邊不斷提醒我們要注意的事項。

「在找 cekiw 喔，要面對大海，看海浪的動態或用耳朵仔細聽，會很不一樣呦！」

「不知道今天會遇到 cekiw 還是 fafako？」

「昨天晚上找到好多 fafako，很多捏。」

中英阿姨走在岩岸石頭上，移動速度跟飛的一樣。對我而言，腳下岩石如此寸步難行，更不用說蹲下身子在岩石縫隙中找尋出現的螺貝類。為了這次的活動，我還特地事先上網查找各種螺貝類照片，來增加實體現場的經驗值，沒想到，努力一個晚上的結果，遠不及海岸上的各種變化與突發狀況。只能說，上網學習螺貝知識，還不如天天跟著中英阿姨到海邊報到，學習效果一定更好。

吹著東北季風的海岸邊，海浪拍打

1. 海女中英阿姨

2. 自製的取螺工具

得比夏季還要猛烈。不僅要注意腳邊的岩石高低變化，更要注意腳底下的深度是否有踩穩，左右腳重心轉換，對初次上手的海女來說有一定挑戰度。說時遲那時快，中英阿姨發現腳邊的小水池內有個 cekiw 躲在裡面，我一臉疑惑地蹲下探找，試圖想要找到 cekiw 的所在位子，無奈水的折射影響、加上 cekiw 身上的顏色與岩石早已融為一體，我真的看了好幾分鐘還是一無所悉，只好找中英阿姨求救。

集結力量大家一起找尋 cekiw，中英阿姨網袋內的戰利品也越來越多。cekiw 又細分有 alipit（笠螺）、sampilaw（星笠螺）等等，有些貝類殼上還會長海草以利躲藏，因此更加隱密與難以發現。就連 a'lem（石鱉）也躲得很好，根本就是高難度等級的大家來找碴。

緊盯著岩石與石頭或任何有可能存在的縫隙，每當自己以為找到 cekiw 之際，就會像是發現大祕寶的孩子般驚喜，並試圖在大浪拍打岸邊的背景音下，大聲呼喊著中英阿姨前來鑑定，彷彿慢一點就會失去最佳鑑賞時間。不過，每每換來的卻是中英阿姨無情地說：「那個不是好吃的 cekiw！」

中英阿姨看出我的疑惑，便將她手上的戰利品與我發現的一同翻在手掌

1 / 2

1. 水池內的 cekiw

2. 大家一起在潮間帶找尋螺貝類

隱藏著許多貝類的潮間帶

心，教我從 cekiw 的肉質顏色辨識好吃與不好吃的差別。

「這個比較黑，會苦苦的，不好吃捏～」阿姨翻著手裡的 cekiw 說著。

我眉頭一皺，懊惱著明明就已經在海裡待半個小時了，怎麼還不太懂好吃跟不好吃的差異！不斷地問著阿姨有什麼技巧，能像她一樣，可以更快速地找到 cekiw？中英阿姨只淡淡地笑說：

「當海女不需要什麼條件啦，就是每天到海邊走走就會有了。」

「今天走走，今天沒有，搞不好明天會有呦。」

直到該上岸的時間，我依舊沒找到被海女認可的 cekiw 和 fafako。到部落清洗著大家採集的 cekiw 和 fafako 時，我的貢獻度：零。

中英阿姨忙著用水清洗剛採集的 cekiw，要用生醃的方式來進行保存，方式有點像菜市場內常見的醃蜆仔，吃起來的味道也類似。每次到海岸線上的部落都好期待這一道生醃 cekiw 菜餚，那是心心念念的海之味。而 fafako 則不用清洗，汆燙之後直接丟入冰箱冷凍或新鮮現烤即可。

桌上放著小瓦斯爐，架上鐵網，將 fafako 放置於鐵網上進行烘烤。空氣中瀰漫著鮮甜的海水味道，同時夾帶著螺

1
2

1. 分別不同品種的 cekiw 差異
2. 大家討論著螺貝類的尺寸大小

肉的香氣。蹲坐著等待 fafako 烤好的那一刻，像極了過年圍爐時，不停在廚房前踱步意圖吸引大人注意的小孩。

手裡拿著烤好的 fafako 和一旁準備好的 silaw 搭配米飯，享受著辛苦的海女特調大餐。Q彈有勁的 fafako 是大家一起收穫的，「有就是有，沒有就是沒有；今天沒有，可能明天就會有。」吃進嘴裡那一刻才明白，原來，這是海女對人生的豁達。

歡迎光臨花東小鎮：部落秘境╳海岸文化╳在地生活，深入山海慢時區的美好時光

作者　彭詩屏（黑崎時代）
封面 / 內頁設計　任宥騰
主編 / 責任編輯　温淑閔
資深行銷　楊惠潔
行銷主任　辛政遠
通路經理　吳文龍
總編輯　姚蜀芸
副社長　黃錫鉉
總經理　吳濱伶
執行長　何飛鵬
出版　創意市集 ｜城邦文化事業股份有限公司
發行　英屬蓋曼群島商家庭傳媒股份有限公司城邦分公司
115 台北市南港區昆陽街 16 號 8 樓

香港發行所
城邦 (香港) 出版集團有限公司
香港九龍土瓜灣土瓜灣道 86 號順聯工業大廈 6 樓 A 室
電話：(852) 25086231
傳真：(852) 25789337
E-mail：hkcite@biznetvigator.com

馬新發行所
城邦（馬新）出版集團 Cite (M) Sdn Bhd
41, Jalan Radin Anum, Bandar Baru Sri Petaling,
57000 Kuala Lumpur, Malaysia.
Tel:(603)90563833
Fax:(603)90576622
Email:services@cite.my

製版印刷 凱林彩印股份有限公司
初版 1 刷 2024 年 5 月

ISBN　978-626-7336-86-1 ／ 定價　新 460 元
EISBN　9786267336847 (EPUB) ／ 電子書定價　新台幣 322 元

城邦讀書花園 http://www.cite.com.tw
客戶服務信箱 service@readingclub.com.tw
客戶服務專線 02-25007718、02-25007719
24 小時傳真 02-25001990、02-25001991
服務時間　週一至週五 9:30-12:00，13:30-17:00
劃撥帳號　19863813　　戶名：書虫股份有限公司
實體展售書店 115 台北市南港區昆陽街 16 號 5 樓

※ 廠商合作、作者投稿、讀者意見回饋，請至：
FB 粉絲團．http://www.facebook.com/InnoFair
Email 信箱．ifbook@hmg.com.tw

國家圖書館出版品預行編目 (CIP) 資料

歡迎光臨花東小鎮：部落秘境╳海岸文化╳在地生活，深入山海慢時區的美好時光／黑崎時代著．-- 初版．-- 臺北市：創意市集・城邦文化出版／英屬蓋曼群島商家庭傳媒股份有限公司城邦分公司發行，2024.05
　面；　公分）

ISBN 978-626-7336-86-1(平裝)
1.CST: 旅遊 2.CST: 花蓮縣 3.CST: 臺東縣

733.9/137.6　　113003275